学級経営サポートBOOKS

子どもの笑顔を
取り戻す！

# むずかしい学級リカバリーガイド

山田 洋一 著

明治図書

## はじめに

　1990年代後半，いわゆる「学級崩壊」が問題になり出したころ，「子どもが変わってきた」や，「子どもは変わっていない。適切に指導すれば，本来の子どもの姿に戻る」というようなことが言われた。

　前者は，現在の学校システムでは，子どもを育てにくくなってきたということを全体として言っていて，新しい教師の関わり方や学校システムの改善を主張していた。

　後者も，結局子どもへの適切な指導や関わり方の重要性を説いてはいたが，一方でそれらができない教師たちを，批判し，追い込み，「できる教師」と「できない教師」を峻別することになった。

　さて，現在，学校という場において子どもを育てることのむずかしさを否定する現場教師は，まずいないだろう。教師の多忙や同僚性の特徴も相まって，学校は「むずかしい職場」になってしまった。

　様々な支援を必要とする子どもたちが教室にいて，その背後に様々な価値観で子育てをしている保護者がいる。

　そうした様々なニーズに応じられないとき，「学校はそういうところではない。みんなと一緒に合わせることを学習するところだ」と言ってみたところで，どこか唇寒い。

　社会は多様性を認める方向へと進んでいるし，そうすることでしかこれ以上の社会発展が望めないからだ。

　そんな中，今日も苦しんでいるのは，同一歩調で指導を進めようとする古い学校システムの中で，様々な子どもと向き合っている担任教師である。

　しかも，その学級担任は経験が少なく，若い場合も少なくない。今，学校は教員の年齢構成から，若い教師たちで溢れつつある。経験の浅い

教師が，「むずかしい学級」を任せられることになる。はじめから，かなり苦労することが予想できる。

　いや，若いから苦労するというわけではない。そもそも，1990年代後半からはじまった「学級崩壊」という現象は，ベテランの，しかもそれまで有能と評価されてきた教師たちの学級でも起きることが特徴だったではないか。

　採用直後の初任者や異動直後の事情がわからない教師が，「むずかしい学級」を担任させられることも多いと聞く。そうした学校には，組織として疑問を感じるが，残念ながらこれが現実なのだ。

　そうした厳しい状況の中で「むずかしい学級」の担任になった先生方に，ぜひ本書を手に取ってもらいたい。

　はっきりと言おう。

　これからの数か月は，本当に苦しい思いをするに違いない。

　しかし，必ず出口はあるし，成果があがるアプローチのポイントもある。

　それを本書で，いくつか示したつもりである。

　本書では，具体的な手立てや場面を描写しつつも，なぜその場面で，その方法が効果的なのかという理由も示した。

　そのことによって，描写した場面でだけではなく，「あなたの教室」でも役立つ汎用性を担保したつもりである。

　苦しく，不安な状況だとは思うが，ぜひどのページからでも本書を開いて欲しいと思う。

　そこに，今のあなたにもっとも必要な「ことば」があるかもしれない。


　　　　　　　　　　　　　　　　　　　　　　　山田　洋一

# 目次

はじめに　2

## 第1章 「むずかしい学級」の担任15の心得　7

1　求められるのは，マイナスをプラスにする仕事ではない　8
2　解決可能なことしかめぐってこない　10
3　学級の来歴を知る　12
4　理想を捨てる　14
5　「荒れ」は，学習によって獲得されたもの　16
6　秒単位で成果を積み重ねる　18
7　「うまくいかない現実」は「変わりなさい」という合図だ　20
8　技術の有効性はかけ算である　22
9　環境修復が第一手である　24
10　最終ゴールを設定しない　26
11　人から学んではいけない　28
12　変えるのではなく取り除く　30
13　正攻法は内側にある　32
　① 学級成員の構成要素はどうなっているのか　32
　② 「むずかしい学級」になるのはなぜか　33
　③ どうアプローチすればよいのか　34
　④ うまくいかない場合もある　37
　⑤ 自分の学級の子どもたちにフィットするかを試す　38
14　子どもの尊厳を傷つけてはいけない　40
15　誰かのせいにする，涙も流す　42
　コラム1　明日できる仕事は，今日しない　44

## 第2章 「むずかしい学級」効果10倍の教科指導　45

1　授業の構造を子どもたちに合わせる（国語編）　46
① フラッシュカードで「見ること」を教える　46
② 読み聞かせをする　53
③ 音読指導で挑戦する心を培う　58
④ 「ちょっとだけ読解」で「意欲が高い子」たちを活躍させる　61
⑤ 漢字学習で「できる」を実感させる　65

2　授業の構造を子どもたちに合わせる（算数編）　70
① 授業のパターンを大きく変えない　70
② 前提となる知識・技能について確認する　73
③ 教科書の例題を何度も読む　78
④ 一人で解く　81
⑤ みんなと解き方を確認する　86
⑥ 全体で解き方を確認する　90
⑦ 練習する　94
⑧ ふり返る　95

3　小さな成功体験を積み上げる　96
① 「努力すれば報われる経験」を積む　96
② 「よい授業」をすれば，「よい点数」を取れるわけではない　99
③ 単元テストの平均点100点を目指す　100

4　つながって学ばせる　104
① まず伝え方，関わり方を教える　104
② 抵抗感の少ない活動から指導する　105
③ 教科指導に応用する―音読指導を例にして　108

5　細切れに指導する―漢字テストを例にして　112

6　「できない子がいる」をデフォルトにする　114

7　その子に合った方法を選択させる　116

## 第3章 「むずかしい学級」効果10倍の生活指導　119

1 子どもの言葉を解釈する　120
　① 「暴言」に対処する　120
　② 「不適切な行為」に対処する　123
　③ 友人間のトラブルに対処する　127
2 向き合わないで指導する　128
3 がんばろうとしていることを認める
　―思い通りにいかないとパニックになる子　132
4 困り感に寄り添う―うそをつく子　134
5 できるふりをしないことをほめる―学習が苦手な子　136
6 自分たちで解決方法を考えさせる―けんかが絶えない子　138
7 目から自分たちの姿を入れる　140
8 ほめることは危険を伴う　142
9 明確な目標を立てる　144
10 教師の権威を確立する　146
　コラム2　今年一年，悪い人になろう　148
　コラム3　仕事を分散してもらおう　149

おわりに　150

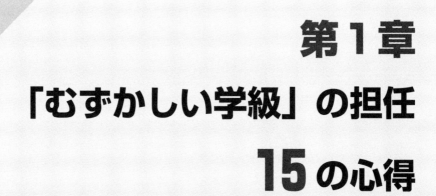

# 第1章
# 「むずかしい学級」の担任
# 15の心得

# 求められるのは，マイナスを
# プラスにする仕事ではない

　正直に言おう。
　次にもつ学級が「むずかしい学級」だとわかると，私は気が重い。
　そうした学級を途中から担任しなければならないとしたら，なおのことそう思う。
　「これから，大変だろうなあ」と思うということもある。
　しかし，もっとも私の気を重たくさせるのは，「どれだけ学級をよくできるか」という自分自身に課す重圧だ。
　周囲はこう考えているだろうと思うのだ。
　「あなたなら，なんとかしてくれるだろう」
　そうした周囲の心情を勝手に推察して，気が重くなるのだ。
　しかし，こうした推察はほとんどの場合，取り越し苦労だ。
　周囲は，「むずかしい学級」をもつ教師に，過大な期待をしてはいない。
　多くの同僚は，「自分ではなく，あの人がもってくれてよかった」と内心ほっとしている。
　そして，管理職は「なんとか無事に学年末までいってくれ」と願っている。「むずかしい学級」を「現状より悪くせずに」と思っている。とにかく大過なく終えて欲しいと願っているのだ。
　その学級が重篤な状況であるほどに，周囲の人々はそう願っている。
　あなたの１年後の成功基準は次のようなものだ。

> この学級を，今より悪くしない

　こう書くと，「なんと覇気のないことか」と憤慨する人がいるかもしれない。

第1章 「むずかしい学級」の担任15の心得

　もちろん，あなた自身が「よい学級にしよう」「この子たちに学ぶ喜びを感じさせよう」と考えることは，すばらしいことだ。

　教師の善意とはそうあるべきだと，私も思う。

　しかし，周囲の願いは，おそらく「多少のことがあっても，なんとか学年末を迎える」ということなのだ。

　もしも，あなたの学級でなにか問題が起きたとしよう。

　そのとき，あなたは「大きな問題が起きてしまった。すべての責任は担任である私にある」と考えるかもしれない。

　また，「せっかく自分に任せてもらったのに，期待に応えられなかった」と思うかもしれない。あなたが誠実な教師であればあるほど，こうした思いはあなたに重くのしかかってくるに違いない。

　しかし，そんなことはまったくない。

　もしも，あなたがその失敗を管理職や数名の同僚に報告したとしよう。返ってくる答えは，次のようなものであるに違いない。

　「いやあ，あの学級なら，そういうことくらい起きますよ」

　「いや，むしろよくやっていると思うよ」

　「前より悪くなったわけじゃないですよ」

　あなたは学校の中でも「特別」な学級を担任しているのだ。周囲からすれば，担任してくれるだけでありがたい。そう思われているはずだ。

　あなたに期待されているのは**マイナスの状態をプラスにすることではない。**学級の深刻さにもよるが，**これ以上，マイナスにしないことこそが，**あなたに求められている仕事なのだ。

9

# 2 解決可能なことしかめぐってこない

「むずかしい学級」の担任に指名される。

その頼まれ方はいろいろだ。

１学期の終わりに，「それでは，二学期から頼む」と校長に言われること
もあれば，前年度の１月に「次年度の〇年△組の担任を頼む」と言われる場
合もある。私の経験では，その日の朝に言われて「５時間目から担任を頼
む」ということもあった。

そのとき，あなたはなんと答えるだろうか。

私は，「はい，お任せ下さい」と即答することが，なかなかできなかった。

その都度，家族の状況，もともと任されている業務の状況，その学級の子
どもたちや保護者との関係などが頭をめぐったからだ。

そして，なにより私を躊躇させたのは，その学級を最後まで担任し続けら
れるかということであった。

「なおいっそう悪くしてしまうのではないか」

「かえって迷惑をかける結果になってしまうのではないか」

「私は，本当にあの学級の担任にふさわしい力量をもった教師なのだろう
か」

こうした思いが頭を巡るのである。しかしよく考えてみると，こうした思
いは杞憂である。

例えば，あなたが校長だったとしよう。

あなたの学校のある学級が荒れて，担任が「降板」しなければならなくな
った。あなたは，職員室を見回し，どの教師をその後に据えるか考える。あ
なたが，はじめから「さらに悪化させるだろう教師」を指名するわけがない。

もしも，そんなことをしてしまえば，さらに傷口を広げるようなことにな
ってしまうからだ。

第1章 「むずかしい学級」の担任15の心得

　子どもたちは，より傷つくことになるだろうし，保護者だって黙ってはいないだろう。

　その学級の「荒れ」がほかの学級や学年，学校全体へと波及する可能性さえあるのだ。

　あなたが，わざわざそんな選択をするわけはない。「おそらくあの人ならやりきってくれるだろう」という教師を指名するに違いない。

　つまり，指名する側だって必死なのだ。保護者の期待を裏切るわけにはいかない。そして，なにより子どもたちを，これ以上傷つけてはいけないのだ。

　だとすれば，あなたは校長にとっての「大丈夫な人」であるに違いない。

　私と同様，様々なことが頭をめぐるかもしれないが，そのタスクは引き受けて間違いないはずだ。

　「むずかしい学級」を担任するというタスクは，あなたならやりきれるものだ。だからこそ，周囲もあなたを選んだのだ。

　そもそも，自分にめぐってくるタスクとはそうしたものだ。

　赤ん坊には，よく乳を飲むことが期待される。這うようになれば立つことを，立てるようになれば今度は歩くことを，というように。

　大人だって係長になれば，課長になるべく資質をもてるよう周囲が働きかけるであろうし，課長の次は部長だ。

　その要求はふつう順番に，程よく行われるものである。赤ん坊に部長のタスクが要求されることはない。

　人生においてめぐってくるタスクは，あなたに程よいストレッチを求め，少しずつの成長を期待する場合が多い。

　「むずかしい学級」を担任しなさいというそのタスクは，おそらくは絶妙なタイミングで，程よいストレッチをあなたに与えるだろう。

　そしてやりきったのちに，あなたを教師として上のステージに立たせるに違いない。

　人生におけるタスク，あなたという教師のタスクは，いつもあなたが解決可能なものしかめぐってこないのだ。

11

# 学級の来歴を知る

　あなたがこれからもとうとしている「むずかしい学級」は，今までどのような指導を受けてきたのだろうか。
　今までの担任の年齢，性別，タイプはどうであっただろう。
　そして，その担任と子どもたちのマッチングはどうであっただろう。
　そのことを考えずして，「むずかしい学級」を担任することはできない。
　**あなたに必要とされることは，あなたの得意をただ単に発揮することではない。あなたの得意を発揮しつつも，その子たちにとって，もっともマッチした指導をすることである。**
　セミナーで話をさせていただくと，「山田先生はにこやかで，冗談もよくおっしゃるので，きっと『楽しい先生』なのでしょうね」と言われることがある。
　しかし，それはとんでもない誤解だ。
　私は，過去に子どもにこう言われたことがある。
　「先生。僕，4月のときさあ，先生のこと『鬼』かと思ったよ」
　卒業間際になって，一番やんちゃな男の子が笑顔で教えてくれた。
　また，あるセミナーでは，私が途中から担任することになった学級の「初日」を，参加者に動画で観ていただいた。
　これも後日，教えていただいたことだが，ある参加者は次のように言っていた。
　「あの動画を見せていただいた研修会の懇親会では，先生が怖くて声がかけられませんでした」
　私は，実は「厳格」などとは程遠い人間なのだが，その参加者は，私の姿からそう感じたようだ。
　あるクラスでは，私はほとんど叱らなかった。ほかにも最初の3日間，と

第1章 「むずかしい学級」の担任15の心得

にかく遊び，とにかく子どもたちを笑わせたということもある。

それは，私がその学級の来歴や，その学級の「成育歴」に敏感であったからだ。

方法論がない若手が崩してしまった学級なら，私の方法論が必要だろう。

あまり元気のないベテランが崩してしまったのなら，若い情熱が子どもたちを救うこともあるだろう。

指導のあいまいさ，ゆるさによって，その学級が崩れていったのだとしたら，厳格さも必要である。

あるとき，指導があいまいで，徹底できない担任の後を，私は引き継いだ。私がしたことは，まず時間に関する指導だった。

遅刻ギリギリに登校してくる子どもたちへの指導をした。

「8：15からの朝読書は，8：15には本を選び，座って読んでいるということです。8：15から本を選ぶということではありません。そのためには，明日の朝，5分早く家を出てこなければいけません」

初日から，こう叱った。このように時間を守らずに行動していることが，この学級の成長を阻害していると感じたからだ。

そう感じることができたのも，それまで担任していた教師と，その学級のマッチングによって生じてしまっている問題がなにであるのかを，私が見つめていたからである。

また，「むずかしい学級」のある一定期間だけを任されるということも，時々あることだ。

そうした場合は，担任とその学級との問題にアプローチしながら，どのように自分が「手放す」かも，考えておく必要がある。

私は，そんなとき徐々に「山田離れ」していく時期を用意する。学級のシステムを元に戻していくのだ。

ときには，少し「煙たがられる」時期を用意する。

**私に与えられた任務は，「私を好きにさせること」ではなく，元の担任から受け取ったバトンを，その担任が困らないように元に戻すことだ。**

13

# 4 理想を捨てる

　あなたは「むずかしい学級」の担任になることを求められるような教師である。そうしたあなたは、おそらく周囲から一目おかれるような、優れた教師に違いない。授業も上手であろうし、なんといっても高い学級経営能力をもっているであろう。しかし、もしもあなたが次にもとうとしている学級、あるいは今もっている学級が、あなたから見ても「とてもむずかしい学級」だとしたら、あなたは今までの学級のイメージをすべて捨てるべきだ。

　「６年生の運動会なら、これくらいはできる」「１年生の夏休み明けなら、こうした姿であるはずだ」というような、あなたの中の「よいときのイメージ」、つまりあなたにとっての理想は、これから役に立たないことが多いだろう。

　もちろん、人は誰しも過去の「よいときのイメージ」をもちつつ仕事をしている。そして、それが自分にとっての拠り所であり、業務上の推進力にもなっている。それらがまったくなくなってしまえば、不安で仕事をしてはいられない。

　しかし、これからの１年、あるいは数か月においては、そうした「よいときのイメージ」がかえって邪魔になることが多い。

　そうしたイメージは、むしろあなたを苦しめるに違いない。はじめ、あなたは、今までに担任した学級や子どもたちの姿と、今の学級の子どもたちの姿の違いを嘆くだろう。

　「どうして、この子たちはできないのだろう」

　「この子たちは、やっぱり普通じゃない」

　教師として思ってはいけないと言われるような事柄さえ、頭に浮かんでしまう。そして、あなたは子どもたちを好きになれないと感じるようになる。

　その感情は、やがてあなたの体からオーラのように発せられてしまう。そ

第1章 「むずかしい学級」の担任15の心得

れが，子どもたちと自分との間に溝をつくらないわけがないのだ。

さらに困ったことに，あなたは子どもを愛せない自分を，教師として失格だと思い，自分を責めるかもしれない。

このように，「むずかしい学級」を担任した際，あなたの「よいときのイメージ」はかえって教室に向かう，あなたの足取りを重くしてしまう。

だから，私は「理想を捨てる」ことを勧めるのだ。

例えば，あなたが理科教師だとしよう。あなたには科学的知識が豊富だ。楽しい理科実験も，工夫された授業展開も可能である。今までの学級はあなたの理科授業に魅了されてきた。アンケートを取れば，「理科の学習が楽しい」「先生に習うようになってから理科が好きになりました」というような文字が躍る。

あなたは，「むずかしい学級」をもつと決まったときに，真っ先に「理科の授業だけは，楽しいものにしよう」「理科のテストで全員に満点を取らせよう」，あるいは「理科の授業を柱にして学級を立て直すのだ」と考えるだろう。

それが，「教師の良心」であり，「教師の思考」である。しかし，申し訳ないが，そうした思いの多くが，「むずかしい学級」では実現されない。

あなたが自信をもっていればいるほど，頭に描いている理想とのギャップに，かえってあなたは落胆するだろう。そのことは，間違いなく子どもたちの落胆にもつながっている。子どもたちは「やっぱり，僕（私）たちはダメだ」と思うだろう。

**あなたに求められることは，あなたの得意を発揮して，理想を追求することではない。目の前の子どもたちが今できることに立脚して指導をすることだ。理想を捨てよう。子どもたちの得意なこと，できることを，血眼になって探そう。**

理想を掲げ，「ここまでおいで」と声をかける指導ではなく，子どもたちのところまで降りていって，「これが君たちのできることだよ」と声をかけ，背中を押す指導をはじめよう。

15

# 5 「荒れ」は，学習によって獲得されたもの

　ある「むずかしい学級」にサポートとして入ったことがある。周囲も私も，「荒れ」がかなり進行した状況だと認めていた。
　あるとき，体育のキックベースボールの授業にサポートとして入った。
　準備体操が終わった後，教師は子どもたちを再度整列させた。そして，子どもたちの列に対して先頭の子に一番近い位置に立った。
　普通なら子どもの列に対して，長辺の側に立つ。そうしないと列の後ろの子には指示が届きにくいからだ。
　さらに気の利いた教師なら，太陽を背にして立つようなこともしないだろう。
　ところが，その教師はその二つとも外していた。
　私は，列の一番後ろに立った。
　キックベースボールをするにあたって，子どもたちを2チームに分けるということ，その分け方，またチーム分けした後の整列位置までを担任は説明した。時間は2分を優に超えていた。
　20秒を超えたあたりから，列の後方の子どもたちはざわつきはじめた。声が聞こえない上，説明が長く，なにを指示されているのかわからないのだ。
　説明が終わったのを見計らって，後方にいた子どもが声を上げた。
「先生，なにすればいいの？」
「なに言ってるんだ？　今ごろ！」
「だってなに言ってるかわからないんだもん！」
「ちゃんと聞いていないからだろう！」
　子どもは，地面に目を落として，教師への暴言を吐いた。
　私は，それに対して指導することができなかった。
　子どもは，暴言を吐くしかなかったのだ。

16

第1章 「むずかしい学級」の担任15の心得

この子も，はじめは聞こうとしていた。ところが，説明が長く，その上ま どろっこしくて，なにを言っているかわからない。

つまり，聞こうと思い，聞いていてもわからないという状況だったのだ。

その上，「わからないから，教えてくれ」と声をかければ，責められる。 **暴言を吐く意外にこの子がやれることはない**のだ。

そんな理不尽な状況が，子どもたちに積み重ねられていけば，子どもは当 然適切な行動を取れなくなっていく。

まず，教師の話を聞かなくなる。聞いていてもわからないのだから。

さらに，教師の話がわからなくても，黙っているのが当たり前になる。問 い返したり，聞き返したりすれば怒鳴られるのだから，これも当然だ。

最後に教師の指導には暴言で返すようになる。そもそも教師の指導が的外 れなのだ。子どもにすれば，教師の至らなさを，こちらの責任にされてはた まらない。

このようにして，荒んだ子ども，荒れた学級はできあがるのだ。

個人が荒む理由は，もちろん家庭環境や生育歴によることもある。

しかし，学級の「荒れ」は明らかに学級での負の学習効果により起きてい る。

つまり，**学級の「荒れ」は後天的に獲得されたものである**のだ。

子どもたちが，はじめから悪かったわけではない。

「むずかしい学級」を担任しているとき，一番に陥りやすいのは「この子 たちには無理だ」と思ってしまうことだ。

たしかに，子どもたちの成長は小さくて，実に頼りなく見えるかもしれな い。その上，昨日よくなったと思えた点が，今日にはできなくなるというよ うな逆行もしばしば見られるのが，「むずかしい学級」の特徴である。

しかし，私たちは，**「学習で獲得されてしまったことであるならば，必ず 学習によって改善される」**ということを信じるべきだ。子どもたちははじめ から悪かったわけではないのだから，負の学習効果の原因を取り除きさえす れば，本来の自分を取り戻すはずだ。

17

# 秒単位で成果を積み重ねる

 「むずかしい学級」を受けもつと，自分の評価規準を変えなければいけなくなる。
 「むずかしい学級」を担任することがきまるとあなたは思ったはずだ。
 「できるだけ子どもたちのよいところに目を向けよう」
 「うんとほめてあげよう」
 ところが，実際に教室に入ってみると気づくはずだ。
 「よいところより，悪いところの方が目につくなあ」
 「まずは問題を解決しなくちゃ」
 「なかなかほめることができないなあ」
 はっきり言おう，**あなたが今までのままでいるのなら**，「むずかしい学級」をほめることは永遠にできない。
 「むずしい学級」の子どもたちの「よさ」は霧のようにつかみにくい。
 そもそもあなたの今までの規準からすれば，ほめる点が見つからない。
 完全にできるまでには，膨大な時間がかかる。
 できたとしても，それはかなり短時間だ。
 さらに，昨日できたことが今日にはできなくなる。
 「むずかしい学級」とはそうしたものだ。
 さて，上のような状況で，あなたがすぐに変えられることが一つだけある。
 それは，「あなたの今までの規準からすれば，ほめる点が見つからない」という点である。これだけは，子どもたちを変えようとしなくても，あなたが主語であり，あなたが主体のことである。
 子どもをすぐに変えることは難しいが，**変えようと思えば，この瞬間からあなたはあなたを変えることができる。**
 しかし，それは理屈ではわかるが，実際には簡単なことではない。

第1章 「むずかしい学級」の担任15の心得

世の中には，今のままでよいと思っている教師の方が，むしろ少ない。多くの教師は自分の指導力を向上させたいと考えているはずだ。

しかし，それができないのは，多くの場合，その「変え方」を知らないからにほかならない。

では，「むずかしい学級」において，教師が自分の評価規準を変えるには，どのようにすればよいのだろう。

その第一は，**「できたらほめる」をやめること**である。「できたらほめよう」と考えていると，子どもたちはなかなかできない。子どもたちは「やろうとしてもできなかった」「やろうと努力していたのに，教師にそれを認められなかった」経験をたっぷりと積んでいるので，どれだけ気持ちでは「がんばろう」と思っていても，実際に最後まで課題を完遂することが難しいのだ。

そうした子どもたちの前に立つ教師が，「できたらほめよう」と考えているとしたら，残念ながらほめるタイミングは永遠にやってこない。

だから，教師は**「できたらほめよう」から，「やろうとしていたらほめよう」に規準を転換する**必要がある。

第二に，**瞬間をとらえること**である。仮に，よい姿勢の子がいたとしよう。通常であれば，その子が45分間よい姿勢を保っていたら，ほめてあげようと考えるかもしれない。

しかし，「むずかしい学級」では，それもまたむずかしいことである。その子たちが望ましい姿を持続することは，とてもむずかしいことであるからだ。

それこそ，そうした時間の長い持続は，放っておけば永遠にこないように思う。

まずは，秒単位で子どもたちの姿を見取り，反応してあげることだ。作業がはじまり，30秒間誰も口を開かない状況であった。そうしたら，「こういう雰囲気で学習すると気持ちがいいねえ」と反応してあげるのだ。

こうした秒単位の成果に対して反応し，それらを子どもたちに自覚させる。そのことが，よさの継続につながっていくのだ。

19

# 「うまくいかない現実」は「変わりなさい」という合図だ

　私は，もともと地方の全児童数100名程度の学校に勤務していた。その経験が長く，13年もの間そうした環境にいた。
　学年は単学級で，指導方法には一定の自由さがあった。隣の学級と自分の学級をそろえたり，比べたりする必要もほとんどなかった。
　また，牧歌的な地域であったので，生徒指導もほとんど必要なかった。
　私は，そうした小規模の学校で保体部の運動会係から，生徒指導部長，研究部長，教務主任までを任された。
　ある程度の仕事は，うまく仕切れるようになっていた。
　管内のそれなりに大規模な公開研究会も実現した。
　もちろん，苦労もあったし，人に迷惑をかけたこともあった。周囲の先生方から指導もしていただいた。しかし，後半になると，それほど任されて怖い仕事はなくなった。どんな仕事がめぐってきてもなんとかなると思っていた。
　ところが，そこから都市部の児童数の多い学校へと，私は転勤した。児童数は，一気に8倍に。そして，1学年複数学級になった。さらに，都市部であるため生徒指導上の困難さもあった。
　そこで起きることは，私にとってまったく未経験のことばかりであった。
　例えば，それまでの私は，「学年で足並みをそろえる」という感覚がまったく欠如していた。
　今までは，時間割を一人できめ，進度も自分が管理し，指導方法も自分がやりたい方法で，やりたいようにやればよかった。
　本や研修会で知った方法を，すぐに取り入れることができた。
　呼びたいゲストティーチャも，管理職が許可して，金銭の問題がクリアされれば，すぐに呼ぶことができた。
　独自のやり方は，周囲からも評価され，またそのことが私という教師のア

イデンティティでもあった。

しかし，それは都市部の学校ではできない。

地方の学校での私の実践が，「あれもやりたい，これもやりたい」という「たし算」の実践であったのに対し，都市部の学校では，まさに「ひき算」を求められるようになったのだ。

「この児童数ならば，あれはできない」

「ゲストティーチャーを呼びたいが，もちろんうちの学級だけ呼ぶのはダメ」

「ほかの先生ができても自分はできない（またはその逆）」

「この指導方法を自分はいいと思っているが，あの先生は反対」

なにをするにしても，まず制約が頭をめぐる。

さらには，子どもたちの特質も地方と都市部ではまったく違っていた。

経験したことがないような生徒指導案件が起きる。

また，その数が多い。

その上，子ども一人一人への対応も，今までのやり方ではなかなか成功しない。

私は，こうした「うまくいかない現実」から，少しずつ自分の実践の形を**変化させていった。**

いや，そんな主体的なものではない。「変化しないではいられなかった」というのが本当のところだ。

私は，指導のシステムということを考えはじめた。

学校全体，学年全体で，初任者からベテランまでができる指導システムの提案や確立。システムは指導の安定を生む。去年できたことは今年もできる。A先生にできることはB先生にもできる。

校内では，そのような課題意識で仕事をしていた。たしかに，それは簡単なことではなかったが，都市部，大規模校での指導に，私が目覚めていく過程でもあった。

**「うまくいかない現実」が，私を新しくする機会をくれたと考えている。**

# 8 技術の有効性はかけ算である

　若いとき，私は自分の学級経営がうまくいかなくなると，先輩に相談した。
　相談しているわけだから，当然頼りになる学級経営の上手な先輩に，私は相談した。
　そうすると，その先輩はきまってこう言った。
「先生さあ，優しすぎるんだよ」
　私は，「そうか」と思う。
　次の日から，自分が思っている「厳しさ」で子どもたちに接するようにした。
　うまくいったかといえば，これが正反対なのだ。
　子どもたちの心はますます私から離れ，指導は通らなくなっていった。
　時間がたち，私も若手から相談されるような立場になった。
　そして，学級経営がうまくいかないという若手から相談を受ける。
　私は，学級を見にいく。
　すると，明らかに子どもたちは「ゆるんで」いる。
　そこで，私は「先生，子どもたちのゆるみを見逃しちゃいけないよ。もうちょっと厳しくさあ」とアドバイスをする。
　そして，しばらくして様子を見に行く。
　これが，また元よりひどい状態なのである。
　その若手は，厳しくしなくてはいけないところで厳しくするのではなく，優しく包み込んであげなければならないところで，それをしてしまっているのである。つまり，ちぐはぐなのだ。
　私は，この若手へのアドバイスを間違ったのだ。
　若くない私は，若かったころの私と正反対の立場で，同じことを繰り返してしまったのだ。

第1章 「むずかしい学級」の担任15の心得

その若手には，その若手が使いこなせる技術と，そうではない技術があった。

私はそう気がついて，次のように言った。

「先生は，ほめるのが上手なんだね。それじゃあ，先生が『よくできているなあ』と思う子どもをとにかくほめてごらん。それが第一段階。次に，そのほめたときに，すぐにほめられた子を真似してよくなる子がいるはずだから，その子をほめてあげよう。『いいことを真似するのは，最初からできていたのと同じくらい値打ちがあるよ』って伝えてごらん」

これが，上手くいったようだった。

もちろん，授業の拙さはあるが，子どもたちは先生を信頼するようになったし，学級の雰囲気も落ち着いていった。

つまり，その若い教師に合った方法があるということに，私もその若い教師も気づいたということなのである。

学級経営がうまくいかない教師の中に，こう言う人がいる。

「若いからうまくいかない」

「女（男）だから，うまくいかない」

「私，センスがないから」

しかし，それは実のところ間違っている。そうではなくて，しっくりとくる教育技術にまだ出会っていないだけなのだ。

教育技術の有効性は次の通りだと私は考えている。

---

教育技術の有効性＝教育技術×子どもたちの特性×教師のタイプ

---

実際のところ，若くても能力を存分に発揮している人はいる。男だろうが，女だろうが，その特性を生かして素晴らしい学級をつくっている人はいくらでもいる。

もちろん，たくさんの教育技術やネタ，コツを知ることは大切であるが，もっとも大切なのは，それが自分に使いこなせるかということだ。

23

## 環境修復が第一手である

　学級がかなり困難な状況になって，担任が交替することになった。
　その担任交替前夜，職員数名でその教室環境の「修復」に入ったことがあった。
　ひどいとは思っていたが，私たちは言葉を失った。
　まず，掲示物がひどい。剥がれかけていても，いたずらされていても，放置されている。古いものもずっと貼られたまま。
　机の天板は糊だらけ。作業中に糊が机についたというのではない。全面にていねいに塗ったという感じで糊が付着していた。
　固まった糊を雑巾で完全にふき取るには，かなりの手間がかかった。
　さらに，子どもたちの個人用棚がひどかった。中に入っているはさみや色鉛筆，紅白帽などの入れ方が乱雑なことはもちろんであるが，それらも普通の状態ではなかった。
　糊の容器が鉛筆で串刺しになって，そのまま放り入れられていたり，細かく破られた学級通信が放置されていたりした。
　また，そのロッカー自体も，天面，側面ともに無数の画鋲が突き刺さっているという具合であった。
　私たち教師は，掲示物をいったんすべて取りはずした。そして，荒んでいるものをすべて破棄し，必要なものだけを貼り直した。
　つまり，一度教室環境をリセットした。
　その上で，新しい担任のもと，子どもたちは再出発した。
　「ものには心がある」と私の祖母がよく言っていた。ものに心があるのは，それを使っている人の心の状態が，ものに反映するからである。
　すさんだ心の人が使えば，当然ものは汚れ，傷む。
　だから，むずかしい状況にある教室は，きまって汚いのだ。

第1章 「むずかしい学級」の担任15の心得

しかし，この逆もある。荒んだものの状態が人の心に反映する。その証拠に私たちは，汚れたトイレを使うことを好まないし，溢れ出たごみ箱を見れば，無意識であっても不快の欠片が胸に宿る。

つまり，**困難な状況になっている教室の子どもたちは，自分たちでものを荒ませ，その荒みを見ては，また心を荒ませている**のである。

こうした負のスパイラルに，むずかしい状況の子どもたちはいる。

そして，子どもたちがそれを自覚していることはない。もしも，自分たちで負のスパイラルに気づいているのであれば，子どもたちは自ら整理整頓をはじめるであろう。しかし，そんなことはおそらくない。

負のスパイラルを断ち切ることができるのは，教師だけである。

だから，「むずかしい学級」をもつときまったら，まずはその教室の環境修復をすることが大事だ。それが第一手なのである。

さて，もう一つ環境修復に関わって，書いておきたいことがある。

それは，**教室環境の修復が，どのような教師にとっても極めて汎用性の高い「教育方法」**だということである。

「むずかしい学級」を立て直そうとするとき，もちろん授業はうまい方がいい。しかし，それは急にできることではない。

子どもたちとのコミュニケーションの取り方も，通常そんなに急にスムーズにできたりするわけではない。

しかし，教室環境の修復はおよそ誰にでも，すぐにできることである。

掲示物を真っ直ぐに貼る。古くなったら即座にはずす。教室におくものは，できるだけ最小限にする。ものは揃えておく，また揃えておかせる。

これは，誰にでもできることなのだ。

私が，教室環境の修復が極めて汎用性の高い「教育方法」だというのは，こうしたわけである。

しかも，その効果は絶大である。**一つ整えれば，間違いなく学級は一つよくなっている**のだから。

25

# 10 最終ゴールを設定しない

　私は，いつも学級経営の講座をもつと，「来年3月24日，修了式の子どもの姿を具体的にイメージしてください」と言う。

　その後，すべての指導は，このゴールイメージにつながっているのだということを話す。

　一つ一つの指導が，このゴールイメージと整合しているかをセルフチェックしてもらいもする。

　通常，こうした思考が学級経営には必要だ。一貫性と統一感のある学級経営とは，こうした思考のもとに成立している。そして，それこそが子どもを伸ばす学級経営の背骨なのだ。

　しかし，「むずかしい学級」では，これができない。「むずかしさ」の度合いにもよるが，**ゴールイメージがかえって邪魔になることも少なくない**。

　まず，第一にゴールイメージがもてないのだ。

　例えば，教師に向かって「うぜえ」「きもい」と言っている子どもたちを目の当たりにして，あなたは夢のあるゴールイメージをもてるだろうか。少なくとも，私にはそれができない。「せめて，暴言を吐かなくなってくれれば」という程度のイメージしかもてないだろう。

　学級経営推進には，二つのモデルがある。

　一つは，前述のような「ゴールイメージ先行型」である。最終的なゴールイメージをもち，そのゴールに向かって学期ごと，月ごと，週ごとに小さなゴールを設定する。

　その小さなゴールに対しての到達度をチェックし，指導の改善，修正をしていくことによって，学級経営を確かなものにするという方法である。

　こうした実践の仕方は，通常の学級経営が可能であったり，「むずかしさ」がそれほどでもなかったりする状況で効果がある。

第1章 「むずかしい学級」の担任15の心得

　つまり，「PDCAサイクル」のマネジメントが有効なのは，平時の学級経営に関してなのだ。

　しかし，中程度以上の「むずかしさ」をもった学級では，これが通用しない。授業中の立ち歩き，あるいは教室から出ていってしまう，授業妨害，暴言……こうした状況では，明日さえも見えない。

　もしも最終ゴールを設定などしたら，どうなるか。

　まず，あなたがまいってしまう。どれだけ心を尽くし，努力しても状況はほとんど変わらないように見える。

　さらに，こうした状況から，自分のクラスの子どもたちに対して，教師としてもってはいけない感情をあなたはもってしまうかもしれない。もしもあなたが誠実な教師であるなら，そういう感情をもつあなた自身に，あなたは絶望するだろう。「私は，教師として失格だ」と。「ゴールイメージがかえって邪魔になる」とは，こうした意味である。

　では，中程度以上の「むずかしさ」をもった学級では，どのような学級推進モデルが効果的なのだろうか。

　それは，「部分積み上げ型」である。最終的にどれだけ子どもたちの成果が積み上がるかわからない。しかし，「一部分は確実にできた」を積み上げるという方法だ。

　例えば，朝，教室に入ってくるとき「おはようございます」と言って，入ってきた子が3人いたとする。これが，次の日に4人になっていれば，よしとする。45分の授業中に，5分間，子どもたちが集中して漢字練習に取り組んだとしよう。明日は，6分間できたのならば，よし。

　このようにして，できたことを積み上げていくのだ。それを子どもたちにも伝えていく。「今日は，5分間，集中できたよ。明日は，何分を目指す？無理はしないんだよ」というように。

　こうしていくうちに，少し長いスパンでゴールが設定できそうだと判断すれば，1か月後のゴールを設定すればいい。

27

# 人から学んではいけない

　あなたが「むずかしい学級」の担任であるとする。
　しかも、その「むずかしさ」が中程度以上であるとしよう。
　子どもに指導すると、子どもによっては暴言で返す、授業がなかなか成立しないというのだとしたら、あなたは今、人から学ぶべきではない。
　あなたに必要なことは、あなたを休ませることだ。
　あなたが誠実な教師であり、「この子たちがよくならないのは、自分の力量が足りないからだ」と考えるような教師だとしたら、なおさらあなたは人から学ぶべきではない。
　多くの場合、そうした自己責任に敏感な教師がうまくいかないのは、教師自身の力量不足というよりも、やはりその学級が「むずかしい学級」であることに起因する場合が多い。
　「なにを言っているのだ。苦しいときこそ、人から学ぶべきではないのか」という意見もあろうと思う。しかし、それは心のエネルギーがふつうに保たれている場合である。その教師にとって現在の状況が、「むずかしい」ものであれば、やはり私は「人から学ぶべきではない」と強く思う。
　もちろん、小さな教材やネタに関する本を読むこと、研修会に参加することは、ぜひした方がよいと考えている。そうした自分にない知識を、外から取り入れて、「一つ、これを試してみようか」と思うことは、指導への意欲向上につながるからだ。
　しかし、セミナーにいって、いわゆる「カリスマ」と呼ばれるような教師の話を聞くことはしない方がいい。また、そうした「カリスマ」の担任している学級の映像は見ない方がいい。
　もしも、そうした場に身をおいたりすると、あなたは次のように感じるだろう。

第1章 「むずかしい学級」の担任15の心得

「前年度まで荒れていた学級を，ここまでにできるってすごいなあ。それに比べて自分はやっぱり力量が足りないなあ」

こう感じることは，あなたの教室へ向かうエネルギーを確実に低下させる。

あなたに必要なのは，「むずかしい現場」で耐えられるだけの心と体の健康状態を保つことである。

あなたに，今必要なのは，「カリスマ」の話を耳に入れることではない。

あなたを休ませる時間と，話をただただ聞いてくれる相手こそがあなたには必要なのである。

**あなたは，学ぶ対象を自分で選びコントロールすべきだ。**

例えば，「前担任」でさえ，「毒」にも「薬」にもなる。「私も，たいへんだったのよ」と言ってくれる「前担任」はいい。

しかし，「私のときは，そんなことは全然なかったなあ」と，暗に「あなたのやり方がおかしいのよ」と感じさせる「前担任」の話は遠ざけた方がいい。

もちろん，そうした「前担任」がひどいとか，嫌いになれと言っているのではない。あくまであなたの心のコンディションを整えることが優先だという話だ。

また，「荒れた学級を立て直すには，この方法論がいい」というような話にも注意深くあるべきだ。学級が「むずかしい」状況だから，なにかにすがりたい気持ちは理解できる。しかし，**効果があるという方法論を信奉して，さらに学級の状況を悪くしているという教師も少なくない。**

まず，その方法論はあなたにとってしっくりきて，なおかつ使いこなせるものであるか，さらに地域性や，なにより子どもの実態に合っているものなのか，その方法論を行った際に想定される「デメリット」はどのようなもので，どの程度のものなのか，このことを，注意深く考えるべきである。

「むずかしい」状況においては，まずあなたの心身の健康を保つという観点で学ぶ対象を選ぶこと，さらに，**「方法」を取り入れる際には，自分の状況に合わせたカスタマイズを忘れないことが大切である。**

29

## 変えるのではなく取り除く

　中程度以上の「むずかしさ」をもっている学級の子どもたちは，ときとして教師への「確認行動」を取る。
　あなたがどのような教師であるのか，あなたがどの程度真剣なのか，あなたがどの程度自分たちを認めてくれるのか。
　こうした思いを確認するため，「むずかしい学級」の子どもたちはほとんど自覚なく「不適切な行動」を取る。
　彼らの「むずかしさ」が，今まで出会った教師によって，「学習」されたものであれば，なおさらである。
　彼らは基本的に教師を信用していない。信用しないことによって，自分たちを防衛しようとしているのだ。
　信用して，また傷つけられてはたまらない。それを避けるため，最初から「先生のいうことなんて聞かないし，信用もしてないから」というスタンスを取るのである。「むずかしい学級」で，いわゆる「不適切な行動」が隙間なく，多発するのはこういうわけである。
　こうした「不適切な行動」による「確認」に対して，積極的に教師が指導しようとしても，結局のところ，実は「もぐらたたき」的状況に陥ることが少なくない。「むずかしい学級」の子どもたちの傷が深ければ深いほど，つまり学級の「むずかしさ」が重篤であればあるほど，「確認行動」が執拗になされるからである。
　一つ一つの「不適切な行動」に対して，対処指導をして子どもたちを変容させようとしても，子どもたちにとっては，その場での，その場限りの「ふるまい」が一つ確認されただけである。
　そのことがほかの場面でも生かされることは，ほとんどない。
　子どもたちは，「Aという状況で，これをしてはいけないのだ」と確認す

第1章 「むずかしい学級」の担任15の心得

るだけである。Bという場面では……，Cという場面では……というように，「不適切な行動」は繰り返される。

　もちろん，目の前で起きている「不適切な行動」を放置することはできない。「いけないことはいけない」と，教師が教えることは絶対に必要である。

　しかし，それだけではこの子たちが抱えている問題を解決するには至らない。目の前で起きている現象を変えても，根本の問題が除去されていないからだ。**問題を根本的に解決するには，子どもを変容させようとするよりも，子どもが「不適切な行動」を取ってしまう要因を取り除く必要があるのだ。**

　例えば，授業中になにか課題を与えられると，「めんどー」「うぜえ」「やりたくねえ」と叫び声を上げる子どもがいたとしよう。

　この子に，いくら「いいからやりなさい」「そんなこと言うもんじゃない」と指導したところで，おそらくなにも変わらないのではないだろうか。

　この場で言うのはよくないのだとその子は思うだけで，違う時間にまた同じことが繰り返される。

　そもそも，この子は，なぜそんなことを言うのだろう。それは，おそらくその学習課題ができなかったときのことを，この子が考えるからだ。

　「周囲から馬鹿にされるのではないか」

　「できない自分が嫌になる（自分を嫌いになりたくない）」

　こうした思いから，この子は課題を乗り越えるのではなく，「はじめからやらない」を選択したのだ。

　こう考えると，取り除く要因の一つは，「間違ったり，できなかったりしたときに，その人を馬鹿にする」という学級風土である。もう一つは，その子の「どうせやっても，俺はできない」という負の学習成果を払拭してあげることだ。

　このように，**目の前の状況を変えようとするのではなく，成長阻害要因を取り除くことが「むずかしい学級」では，特に大切なのである。**

31

# 正攻法は内側にある

## 1 学級成員の構成要素はどうなっているのか

　仮に学級の成員（子どもたち）の構成要素を便宜的に次のように考える。
　これは，「パレートの法則」や「働きアリの法則」と呼ばれている事柄を学級に当てはめたものである（横藤雅人氏から教えていただいた）。
　この割合は，もちろんその学級によって様々である。
　しかし，学級の成員に「意欲の高い子」「様子見の子」「意欲の低い子」の3種の層が存在することは，およそ了解してもらえるだろう。

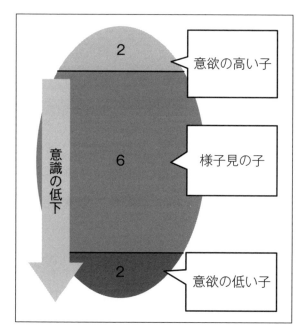

学級の成員の構成（横藤氏作成のものを筆者が再現）

第1章 「むずかしい学級」の担任15の心得

さて，その上で「むずかしい学級」のことを考えてみよう。

通常の学級は，この3種の子どもたちがおよそ2：6：2の割合か，あるいはそれに近い割合でいると考えられる。

こうした状況下では，教師は「たしかに手のかかる子どももいるけれど，まあうちの学級は，ふつうの日常生活は送っているよな」と感じている。

つまり，学級の状況とその教師の感じ方は，通常「意欲の低い子」が少数いても，それほど悪くない。

それは，「ふつうの日常生活」を送れている「様子見の子」と「意欲の高い子」が大部分であるからである。

しかし，教師が「むずかしい学級」だと感じる場合は違う。当然だが，「意欲の低い子」の割合が高くなっているのである。学級崩壊と言われるのは，こうした状況である。

もちろん，そうした学級を状況としては「荒れている」と言ってよいが，その来歴は様々である。

前年度から，かなり「むずかしい状況」で，はじめから「意欲の低い子」が多い場合もあれば，「様子見の子」が徐々に意欲を下げていき，「むずかしい学級」になる場合もある。

## 2 「むずかしい学級」になるのはなぜか

ふつう教師は，「意欲の低い子」がいる場合，「意欲の低い子」にすぐにアプローチしようとする。また，「意欲の低い子」に注目する頻度が高くなる。

良心的な教師であればあるほど，そうなるのがふつうだ。

なぜなら，まさに「この学級」においての問題の多くが，その子たちの行動によって引き起こされていると感じるからだ。

しかし，そうしたアプローチは結局成功しない。最初のうちはよいのだ。「意欲の低い子」に積極的に関わること（叱る・大いにほめる）で，一見学級は落ち着いたように感じる。

ところが，しばらく時間が経つと以前よりもひどい状況になる。それは，

33

図にあるように「様子見の子」たちの意識が低下するからである。

これは，教師が「意欲の低い子」に多く関わることで，「様子見の子」が「先生は『意欲の低い子』ばかりにかまっている」，「『意欲の低い子』になった方が，先生に構ってもらえそうだ」と無意識にも感じてしまうからである。

この学級において，「意欲の低い子」の方が，教師に構ってもらえ，得をしているような印象を，教師は無意識に与えてしまっているのだ。

例えば，「意欲の低い子」が少しでも意欲を見せれば，大きく取り上げられ，ほめられるといった場合である。

一方，「意欲の高い子」「様子見の子」が真面目に学習していても，それはさほど取り上げられることはない。

「様子見の子」たちは「私の方ができているのに」と思っているし，「意欲の高い子」たちは「どうせ私ががんばっても，先生はそれほど評価してくれない」「私たちより『意欲の低い子』の方が先生は大切なんだ」と思っているだろう。

「意欲の低い子」をなんとかしたいと考え，その子たちにすぐアプローチし，多く関わってしまっている教師の「善意」がかえって状況を悪くしているのである。

「ふつうの学級」が「むずかしい学級」になったり，さらには「さらにむずかしい学級」に陥ったりしてしまうのは，こうした原理による。

# 3 どうアプローチすればよいのか

では，どうすればよいのだろうか。

第一に，「意欲の高い子」に正当な評価を与えることである。「意欲の高い子」たちは，教師が手を多くかけなくても，大きく崩れはしない。もともと「よい子」なので，教師が注目してくれなくても自分のやるべきことは，しっかりとやっている。しかし，あまりに注目されなければ，それは「最低限」にとどまってしまうことになる。

だから，「むずかしい学級」では，「意欲の高い子」は学級の状況やほかの

第1章 「むずかしい学級」の担任15の心得

子どもの行動に無関心になっている場合が多い。元々の自分の「よい行動」を評価されないので，今以上に「クラスをよくしよう」という意欲が湧きにくいのだ。

なにか問題が起きたとき，「どうして注意しないの？」と尋ねると，そうした子どもたちは「だって，私たちは悪くないし」「私たちには関係ないし」というように返答する。

つまり，意欲的になっても教師が注目してくれないので，自分の身に危険が及ばない限り，無関心でいるという方法をその子たちは選んだのだ。

こうした状況に陥らせないためには，まず「意欲の高い子」に注目し，「君たちの行いは素晴らしい」というメッセージを送り続けることだ。

このことが，「様子見の子」たちに波及効果をもたらす。「様子見の子」たちは，こうした「意欲の高い子」が教師から注目されていることに一種のあこがれをもつ。

それは，精神的なものであると同時に方法論的なものでもある。

つまり，「様子見の子」たちは，「そうか，あの子のようにすれば，先生は注目してくれるのか」と考えるわけである。

マラソンレースに例えれば，**先頭集団の走りが，レース全体のペースや質を左右するのに似ている**。「意欲の高い子」に教師がより注目し，それに続く子たちにも注目すれば，学級の中の意欲の高い子たちの割合は高くなる。

とはいえ，ここで私が言いたいことは，「意欲の高い子」にだけ注目することではない。たしかに，「むずかしい学級」では，目の前にいる「意欲が低い子」を早急になんとか

したくなる。しかし，それはかえってうまくいかないということを言いたいのだ。

まずは，「意欲の高い子」に注目することが，迂遠に感じはするが結局のところ近道だということだ。

それは，三日月を眺めるのに似ている。三日月は光っている部分が少ない。しかし，眺める者はふつう，光っていない，暗い部分に着目して，「どうしてあそこは光っていないのだろう」とは思わない。

むしろ，光っている三日月を楽しむではないか。しかも，**今は光っていない部分も，いずれ光って立派な満月となる**。

## 4 うまくいかない場合もある

　しかしながら、その先頭集団がごく少数であったり、十分に力を発揮できていなかったりする場合がある。特に、「荒れ」が長期化した場合は、「意欲の高い子」が能力を発揮することが難しい。教師に評価されることによって、「いじめ」の対象になることがあったりするからである。教師から評価されることが、周囲のやっかみを買うのである。

　こうした場合は、担任教師が評価することもままならない。教師は細心の注意を払って、「意欲の高い子」をエンパワーメントしなければならない。そっと個別にほめる。保護者へと「ほめ言葉」のちりばめられた手紙を渡すなどの方法が有効である。

　また、そこまで**「荒れ」が進行してしまっている場合は、複数の教師によって立て直すことが必要**となる。私は、担任以外の教師が指導に加わるかどうかは、この「意欲の高い子」に表立って正当な評価を与えられるかどうかが分かれ目だと考えている。それは、学級のあらゆる層の子どもたちに、平等に関わるには教師の側の目を増やすしかないと考えるからである。

　「むずかしい学級」で「意欲の高い子」がやっかまれたり、いじめられたりするのは、教師の注目の奪い合いがそもそもの原因である。人をやっかむ子どもはけっして性格が悪いのではなく、自分が正当に評価されていないと感じているのである。だから、自分以上に評価されている子どもたちが許せないのである。そこで関わる教師を増やし、より多くの子どもたちに注目することを可能にしようというのである。

　例えば、サポートで入った教師に父性的な「やや厳しい」教師を演じてもらい、担任は母性的なフォローにまわる。さらに、休み時間は友だちのように子どもたちと思いきり遊ぶというような関わりをする。また、自分が男性教師なら養護教諭にも力を貸してもらい、女子の相談を引き受けてもらう。

　このようにチームとしての指導体制をつくっていくのだ。

　「意欲の高い子」に表立って正当な評価を与えられないという段階は、こ

のようにチームとして，学級を蘇らせるという方法が必要な段階である。「むずかしい学級」への第二のアプローチは，この「チームであたる」ということであると考えている。

## 5 自分の学級の子どもたちにフィットするかを試す

　学級成員の構成を知り，アプローチの仕方を考える。また，「意欲の高い子」に正当な評価を与えにくい場合は，チームで対応すべきだ。

　こうしたことは，原理としては正しい。しかし，実際のところ，それらを実行してもうまくいかない場合がある。

　その学級がとても「むずかしい学級」であれば，どこから手をつければよいのか，なにをすればよいのか途方に暮れてしまったり，一見まったく子どもたちの成長が感じられなかったりということも少なくない。

　もちろん，そうした状況は担任として苦しい状況だ。しかし，考えてみればそうした学級は百戦錬磨の力量をもつ教師がもったとしても，やはり「むずかしい学級」なのだ。そういうことがあっても不思議ではない。

　そうした学級の立て直し方のヒントは世にすでに多くあり，本書にもそのヒントを掲載したつもりではあるが，結局のところ実践するのはあなた自身である。

　誰がどんなにすばらしいアドバイスをくれたとしても，実際に教室に立って，子どもたちと向き合うのはあなた自身である。他人がくれたどんなアドバイスも，あなたとあなたの教室にとって効果がなければ，「ダメな方法」なのである。

　つまり，**既存の正攻法から学ぶことは大切だが，それらがあなたにとっての正攻法になるかどうかは別の話**なのだ。

　これを読んだあなたは絶望的な気持ちになるかもしれないが，たった一つだけ，正攻法と呼べるものがある。もうお気づきだろうが，それは，あなたとあなたの学級にとって効果のあった方法である。つまり，効果のあるものを，あなたは正攻法と呼べばよいのだ。

第 1 章 「むずかしい学級」の担任15の心得

　人の話を聞くことも，本を読むことも大切だ。しかし，あなたにとってもっとも**大切なことは，そうして手に入れた方法のうち，どれが自分の学級の子どもたちにフィットするかを試すことだ。**

　効果が見えないのに，ある方法にだけしがみついて，状況をさらに悪化させる教師は，なにも改善しないでこれまでの経営を続け，多額の負債を抱えて会社を潰してしまう社長に似ている。

　そうならないためには，子どもをよく見て，子どもから正攻法を教えてもらうことだ。これこそが，あなたに必要なことなのだ。そういう意味で，**正攻法は，教室の外にではなく内側にある**と言える。

むずかしい学級への正攻法は教室の内側にある

# 子どもの尊厳を傷つけてはいけない

　すさんだ教室，荒れている子ども。
　そこに行き，今私は立て直そうとしている。
　荒れている子どもの行為は，どう考えても受け入れられないものだ。常識的に考えて，それは許されない行為なのだ。
　「だから，私は指導する」，こう考える。
　「○○しなさい。それは，間違っている」
　こう言いたい。しかし，少しだけ深呼吸してみる。
　朝の10分間読書，ずっと隣の子どもに話しかける子どもが目の前にいる。
　「おい！　いつまでしゃべっているんだ。隣の人に迷惑だろう。だいたい本はどうした！　本も用意していないじゃないか」
　こう言いたくなる。
　しかし，そこで深呼吸をしてみる。
　「待てよ。ひょっとしたらこの子は本が読めないんじゃないのか？　この子は音読が苦手だ。でも，それでも簡単な本を選ぶことはできるだろう？　教室には，俺がもち込んだ絵本だってあるんだから。やっぱり怠けじゃないか。いやいや待てよ。簡単な絵本を読むことは，この子にとって屈辱的なことなんじゃないのか？　勉強でもわからないときに，この子はなかなか他者に尋ねないじゃないか」
　そこで一つのアイディアが思い浮かぶ。
　私は，その子が読めるような簡単な本を用意することをやめ，大人向けの本を用意した。
　「あのさあ，そういえばスノーボードやってたよなあ」
　「うん」
　「この本さ，スノーボードでオリンピックに出た人の本なんだけど，読ん

でみる？」

「ああ，いいけど」

「そっかあ，じゃあ貸しておくね」

私は，この本に仕掛けをしていた。私は，3ページ分だけすべての漢字に
ふり仮名を書いていたのだ。

その子が，次の日，その本を開くと一瞬信じられないという顔をして，私
の顔を見た。そして，読みはじめた。

その日は，10分間，静かに読み続けていた。

その後，その子はその本を返しにきた。

私は驚いて「おもしろくなかったか？」と尋ねた。しかし，その子は「う
うん」と首を振った。

私は，納得するところがあって「そうか」と応じて，また3ページの「仮
名ふり」をして次の日に渡した。

こうしたやりとりがしばらく続いた。ところが，あるとき朝読書がはじま
ると，その子はどうしたことか本を閉じ，目をつぶって黙っていた。

私はこう考えた。

「ああ，とうとう読んでも意味がわからなくなったんだな。よしよし，よ
くがんばった。十分だよ。違う本を用意しよう」

その子がいつもの通り，私に本を返しにきたとき，私は「違う本にしよう
か？」と尋ねた。

ところが，その子はそれを否定した。「これでいい」と言うのだ。

次の日になり，その子が本を読むかと思ったが，結局読まない。

本は閉じられているが，その子は「10分間，朝読書」を行った。それから，
毎日静かに10分間の黙想を繰り返していた。

私と，その子との間を往復するその本は，まるでお守りのようだった。読
まれない本ではあったが，なにかしらの効果をあげていた。

私は，改めて思った。「むずかしい本」を与えてよかった。その子の尊厳
を傷つけるような本を貸していたらこうはなっていなかったな，と。

# 15 誰かのせいにする，涙も流す

　私は，若いころ，心にきめていたことがある。
　それは，子ども，保護者，地域の悪口を絶対に言わないということである。
　そして，これらは今でも心がけていることである。
　誰の悪口も言わないことは，教師として崇高な態度である。
　また，悪口や愚痴ばかり言っている教師は，職員室の雰囲気を著しく悪くする。周囲の人々の意欲まで失ってしまっているのは，間違いない。
　しかし，「むずかしい学級」と日々奮闘している同僚を見るにつけ，これも場合によるな，とこのごろは感じている。
　たしかに，教師としての崇高さも大切だが，「むずかしい学級」を担任している教師の精神を健康に保つ方が，より優先されると考えるようになった。
　私たちは，神ではない。
　どんなにがんばっても，学級がよくなっていると思われない場合，一時だけ誰かのせいにしたり，愚痴を言ったりすることは許されるだろう。
　そんなことまで我慢して，「むずかしい学級」を担任し続けること自体ができなくなることの方が，不幸なことだと私は思う。
　誰かのせいにしてもいいし，弱音を吐いてもいいし，涙を流してもいいから，なんとか１年の間，その学級をもち続けることが，担任に課せられたタスクなのだ。
　だいたい，誰かのせいにするとき，言った言葉の通り，「自分のせいではない，他人のせいだ」なんて本当は考えてはいないのだ。
　自分の力が足りないと痛いほどよくわかっているのだ。しかし，それを認めてしまったら，自分が保てなくなる。だから，誰かのせいにせずにはいられないのだ。
　教師は本来，実に真面目な生き物だ。そして，学校には時々「スーパー教

第1章 「むずかしい学級」の担任15の心得

師」というような人がいて，「むずかしい学級」をなんとか立て直す。

そうした人たちは，実にスマートなやり方でそれをこなしているように見える。

しかし，「むずかしい学級」を立て直す，あるいは立て直そうとしている教師のすべてが，そうした教師たちと同様に「強い」わけではない。

誰かのせいにしてもいい，涙だって流していい。

もちろん，職員室で声高にそれを言ってはいけない。しかし，周囲を気遣いながら，どこかの教室で一番信頼できる人を相手に語ることは許されるべきだ。

その先生には，「ごめんなさい。ちょっと限界で，聞いてもらいたくて……」と切り出して，すべてをさらけ出せばいいと思う。

それが同僚でなくてもいい。

あなたのアドレス帳を開けば，あなたの話を聞いてくれそうな人が，必ずいるはずだ。

「夕食をおごるから」などと誘い出せばいい。

そして，あなたが悩んでいること，憤っていることすべてを吐き出すとよい。そして，最後の最後はこう言うのだ。

「でも，わかっている。自分の力がまだまだ足りないんだ。だから，またがんばるわ」

この言葉で「チャラ」にしよう。

あなたは，本当のところ，子どもが悪いとは思っていない。あの子たちがそうなってしまうのは，仕方のないことだと考えているのだ。

子どもたちに罪はない。あなたは，そう信じているに違いないのだ。

しかし，そう思ってはいても今少しつらくなったのだ。

教師という仕事は生き方だ。たしかに愚痴を言わない生き方は美しいかもしれない。しかし，それが今できなくてもいい。1年間を乗り越えるために，今の思いを吐露することは，あなたにとってきっと必要なことなのだ。

43

## 明日できる仕事は，今日しない

　学級通信を毎日出すとか，掲示物を工夫して学びやすい環境をつくるとか，はたまた，家庭学習の習慣を身につけさせるために，ノートにコメントをいっぱい書くとか，一人一人とつながるために，日記を書かせてやりとりするとか……。

　やればいいことは山ほど浮かぶし，周囲の人たちも様々にアドバイスしてくれる。

　しかし，もっとも優先すべきことは，あなたが教室で笑っていられるということだ。

　「むずかしい学級」で，取り返しのつかないような失敗が起きるのは，子どもたちと直接向き合っているときだ。

　日記にコメントをつけているときでもなければ，学級通信を書いているときでもない。

　ちょっとイライラとして，不用意なひと言を言ってしまった。

　そんな，瞬間なのだ。

　だから，一番大切にしなければならないのは，あなた自身の機嫌のよさということになる。

　毎日出す学級通信も，長い日記のコメントも，教師の仕事として崇高であるかもしれない。

　しかし，そのために大きなミスを，日中の子どもとのやりとりの中でしてしまったとしたら，本末転倒だ。

　その日にしなければならない仕事のうち，優先順位第1位ができたら，自分にOKを出そう。

　この文を読んだら，5分以内に退勤するか，5分以内に布団に入って欲しい。

　「明日できる仕事は，今日しない」

　無理せず，休んで欲しい。

# 第2章
## 「むずかしい学級」効果
## 10倍の教科指導

# 授業の構造を子どもたちに合わせる（国語編）

 **フラッシュカードで「見ること」を教える**

私の国語授業の流れは次のようなものである。

① 漢字フラッシュカード
② 絵本の読み聞かせ
③ 音読
④ ちょっとだけ読解
⑤ 漢字練習

もちろん，こうしたユニット型の授業が，今更特に新しいものだとは考えていない。

しかし，私がこうした授業の組み立てにたどり着いた理由をあげることで，「むずかしい学級」での授業の勘所に触れることができると考える。

第一に，「むずかしい学級」の子どもたちが，そうでない学級の子どもたちと大きく違う点がある。

それは「見ていない」ということである。

「むずかしい学級」の子どもたちにとって「見ること」は，かなり難しいことなのだ。

黒板を見ることができない。

提示された教材を見ることができない。

話している教師を見ることができない。

話しているほかの子どもを見ることもむずかしい。

あわせて，彼らの学習意欲はおよそ著しく低い。

第2章 「むずかしい学級」効果10倍の教科指導

それは，どこかで学習してしまったものである。

見ていてもつまらない。

見ていてもわからない。

見ていなくても困らない。

見ていなくても損をしない。

こうして「見ることがむずかしい」子どもに育ってしまったのである。

その上，「見ることがむずかしい」から見ない。見ないから学習する喜び
が湧かない。学習する喜びを知らないから，また見ないという負のスパイラ
ルにはまり込んでしまっている。

もちろん，こうした子どもたちに対して「見る」指導を，第一にしなけれ
ばいけない。しかし，負のスパイラルにはまり込んでいる子どもたちに「見
なさい」「集中しなさい」と言って，見せることはかなり困難なことである。

では，どうすればよいのか。

結論を言ってしまえば，「見てしまう」状況をつくり出せばよいのだ。

「見なさい」「集中しなさい」と言っても見ないのだから，「見たくなる」
状況をつくりだすしかない。

これが，私の授業の第一の仕掛けだ。

授業開始後すぐにはじめる「漢字フラッシュカード」は，次のように行う。

私は，パソコンのプレゼンテーション用ソフトを使って「漢字フラッシュ
カード」を実施している。

0.5秒に1枚程度でスライドを繰っていく。

「勤務」→「財産」→「賛成」→「反対」……こうしてスライドを繰りな
がら，教師は「勤務」と読み，すぐに子どもたちに「勤務」と復唱させてい
く。

同様に，教師が「財産」と言えば，子どもたちが「財産」と復唱する。こ
れを，テンポよく繰り返していく。

この活動は，授業開始直後の1分半から2分程度で行う。

授業のはじめにする活動として，その要件を十分に満たしている。

47

第一に，見る活動であるという点である。先にも指摘した通り，「むずかしい学級」の子どもたちは，まず見ることが苦手である。それを，授業開始の数秒で一気に「見る」態勢にしてしまうのである。

　第二に，テンポとリズムのよい活動だということである。例えば，これを「前の時間は，どんな学習をしたんだったかなあ」という前時想起の活動にしたら，子どもたちは一気に乱れる。ざわざわするだろうし，ある子を指名している間に，一部の子どもたちは離席するかもしれない。彼らは待つことも，他人の話をゆっくり聞くことも苦手だからである。フラッシュカードは次から次へと漢字が目の前に現れ，そして変化していく。待たせない活動なのである。それが，「むずかしい学級」の子どもたちにマッチしているのである。

　第三に考えさせない活動だということである。「むずかしい学級」の子どもたちは，「問い」と「答え」の時間が長いと「もたない」のだ。問われたら，すぐに答えがわからないとイライラしてしまう。また問われても，自分がわからない場合，学習から「降りて」しまうことが少なくない。

　このフラッシュカードは，漢字が提示され，その直後に読み方がすぐに提示される。子どもたちにとって，待つ時間がほとんど0の活動である。また，教師が直前に言った言葉をそのまま復唱すればいいので，学習に困難を感じている子どもでも学習に参加することが可能である。

　こうしたよさがある漢字フラッシュカードであるが，これを授業の最初にもってくるということにも，また意味がある。

　「むずかしい学級」の子どもたちを，崩れた状態から授業の途中で集中させたり，参加させたりすることは難しい。この漢字フラッシュカードなら，短い時間かもしれないが，授業を集中した状態からはじめることができるのである。このことが，次の1分，さらに1分へとつながっていく。

　「むずかしい学級」では，いきなり45分間すべてで，授業に参加させようとするよりも，最初の1分半から2分の集中を少しずつ積み重ねていくという考え方の方が現実的なのである。

　ところが，この漢字フラッシュカードには，よさも多くあるのだが，その

第2章 「むずかしい学級」効果10倍の教科指導

単純さから「飽きる」という難点もある。

そこには，飽きさせないコツというものがある。

次のようにしている。

| | |
|---|---|
| 第1時 | 教師の読み上げのあと，子どもたちの復唱 |
| 第2時 | 教師の読み上げのあと，子どもたちの復唱（簡単な漢字は子どもだけで言わせる） |
| 第3時 | 途中から教師の「はい！」の合図で，子どもたちだけで読み上げ |
| 第4時 | 教師の「はい！」の後，子どもたちだけで読み上げ |
| 第5時 | 座席順で立たせて一人一語を読み上げ |
| 第6時 | 座席順で立たせて一人一語を読み上げ（前時と指名順を変える） |

基本的には，このように進んでいく。

つまり，毎時間，漢字の読みの指導を繰り返す。しかし，単純な繰り返しではなく，少しずつ変化させていくということである。

**親しい**

一方でスライドにも，ちょっとした工夫を凝らし，飽きないようにしていく。

例えば，次のようにする。

これを見せて，「したしい」と教師が言い，子どもも「したしい！」と復唱する（スライド上，送り仮名の「しい」だけは赤字になっている）。

私は，その後に続き，「ふなっしい」（「しい」だけが赤字）という言葉を「ふなっしー」の画像とともに提示，さらに銚子市の元ゆるキャラ「きゃべっしー」なども「きゃべっしい」と表示して登場させる。

その後，今度は「親○○」のスライドを出し，「送り仮名は？」と問い，子どもたちに「しい！」と答えさせる。

こうして，「親しい」の送り仮名が「しい」だということを，完全に子ど

49

もたちに記憶させる。

　これはほんの一例であるが，言い方に変化をもたせると同時に，スライドの内容にも，ちょっとした変化を与えることで「飽き」から逃れられるのである。

　また，こうしたスライドをフラッシュカードの中に潜ませておくことは，子どもたちの「見てしまう」状況をつくり出すことにもなる。

　はじめは，「漢字の学習なんて」とそっぽを向いている子どもも，テンポ，リズムがよく，時折，楽しいスライドが入っているフラッシュカードを見ないわけにはいかなくなる。

　見逃したりすると，「もう一度，お願いします」と言ったりもする。

　その上，漢字がどんどん読めるようになっていくので，今まで学習からスポイルされていた子どもたちの意欲も高めることになる。

　「むずかしい学級」の「むずかしい子どもたち」は，本来学習が嫌いなのではない。わかりたいし，発表もしたいのだ。しかし，負の学習によって，自ら学習を遠ざけてきただけなのだ。

　それは，やる気がないのではなく，わからないことに傷ついたり，わからない自分をさらしたりすることが怖いだけだ。むしろ学習意欲はもともと高いはずなのである。漢字フラッシュカードによって，その学習意欲が引き出される様子を，私はしばしば目にする。

---

《その他の工夫》
・漢字の一部を，吹き出しや○△などで隠す（下は財産）

・プレゼンテーションソフトの機能を使って，漢字を画面上で動かす
・画面からはみ出すように漢字を大きく拡大する（つまり，漢字の一部

しか画面には入っていないことになる）
・わざと見えづらいように小さくする。また，それらを画面いっぱいに多数並べる（※見えづらいと，かえって見ようとする心理が働くことを利用する）
・書き間違えやすい漢字を誤答と並べて，どちらが正しいかを問う（「上下，どっちが正しい？」と問う）

　ところで，この漢字フラッシュカードでは，どんな漢字を取り上げるかということが気にかかるところだろう。
　私がフラッシュカードをつくるときの基本形は，≪新出漢字＋音読の際，読みにくい教科書本文中の漢字＋漢字小テストで出題される漢字＋単元テストで出題される漢字≫である。
　「新出漢字」は当たり前なので説明はいらないだろう。
　「音読の際，読みづらい教科書本文中の漢字」をフラッシュカードで読ませるのは，事前に読み方を覚えさせ，学習に困難を感じている子どもが，音読の際，みんなの前で失敗しないようにするためである。
　「漢字小テストで出題される漢字」および「単元テストで出題される漢字」を，毎時間繰り返しフラッシュカードで提示するのは，テストで点数を取らせるためである。学習に困難を抱えている子どもたちは，テストの点数がよくないことで傷つくことが多い。
　テストの結果が悪いと，学校でも傷つき，家庭の対応によっては，再び帰宅してからも，子どもたちは傷つく。

それを防ぐために，私は意地でも子どもたちによい点数を取らせる。テストでの点数の取らせ方については，後述する。

　自信がないから授業には参加したくない→参加しないから身につかない→身につかないからテストの点数が悪い→テストの点数が悪いから自信がない→自信がないから授業には参加したくない→……このスパイラルを断ちきれるのは，教師しかいないと思うのだ。

フラッシュカードで「思わず見てしまう」状況を生み出す

【参考】
高橋純，堀田龍也（2011）『フラッシュ型教材のススメ』旺文社

第2章 「むずかしい学級」効果10倍の教科指導

# 2 読み聞かせをする

　私が行う授業の次の段階は，絵本の読み聞かせである。読み聞かせをする理由は，三つある。

**一つ目は，「見てしまう」状況をつくるためである。**

　「むずかしい学級」の「むずかしい子どもたち」は，はじめに絵本を読み聞かせようとすると，「小さい子どもが読む本じゃねえの」と言ったりする。しかし，その本にもっとものめり込むのは，彼らである。

　絵本には子どもを集中させる力がある。

　彼らは，教師の話は見て聞けないが，絵本はまっすぐに見つめることができる。彼らは，教師という存在に素直になれないが，絵本にはそうした態度を示さない。絵本を介することで，教師を見つめることへの気恥ずかしさから逃れられるのだろう。

　彼らは，はじめに絵本を「子ども臭い」と批判するのに，なにかの都合で読み聞かせをしないと，「先生，今日は絵本ないの？」と尋ねたりする。

　そんなときは，「どうして？」と尋ねてみる。彼らは，「いや，毎日読んでるからさあ」などと答えるが，そこには「楽しみにしていたのに」というニュアンスが見て取れる。

　そこで，「そっかあ，ごめん。明日は，必ずとっておきのを読むよ」と応じる。それに対して，子どもたちはわざと憎らしげに「絶対だからね，もう」と念押しする。こうしたやり取りもまた，絵本を読み聞かせているから起きることである。

　このように，**読み聞かせを通して，子どもたちの本来もつ，子どもらしい素直な気持ちを引き出すこともできる**のだ。

　さらに，読み聞かせをする**二つ目の理由は，子どもたちに「よい言葉を入れる」ことができる**ということである。

　暴言を頻繁に吐く「むずかしい子ども」は，そもそも語彙が貧困である場合が多い。

53

「うざい」「きもい」「めんどー」という言葉を頻繁に使う子どもたちは，その言葉がもつ意味通りの感情を，本当にもっているかと言えばそうでない場合が多い。

例えば，「今はほかにやりたいことがあるから後にしてほしい」というときに「うざい」と彼らは言ったりする。

また，「この計算は，できるかどうか不安だから，みんなの前ではやりたくない」というときに「めんどー」と言ってしまう。

つまり，彼らは複雑な感情を，当然もってはいるのだが，それらを表現するだけの豊かな言葉をもっていないのだ。

その状況を，「読み聞かせ」は改善してくれる。絵とともに言葉が同時に聞こえてくる「読み聞かせ」は，語彙を増やすためには最良の教材ということが言える。

**三つ目の理由は，静かであることの心地よさを実感させられる**ことである。絵本を実際に読み聞かせるとわかることだが，絵本を読みはじめて，十数秒で教室はしんと静まり返る。

絵本を読み聞かせる回数を重ねるたびに，静かになるタイミングは早くなり，その時間は長くなる。

絵本を教師が構えただけで，子どもたちの期待感を肌で感じることができるようになる。

そして，この「静かさ」が大切なのだ。

今まで授業中ざわざわとして，音が絶えることがなかった教室に，実に久しぶりに静寂がかえってくるのだ。

こんなときには，教師は「静かに聞いてくれてありがとう。みんなの一生懸命に見てくれる様子がうれしかったよ」と正直なメッセージを送るとよい。

さらに，安定的に「静かさ」を具現できるようになったら，今度は子どもたちにその状況をメタ認知してもらおう。

「今，先生が読んでいる間，ずっと君たちは静かに聞いてくれたね。どんな感じがした？」

こう尋ねる。

そして，できれば全員を指名して発言をさせる。ここでは無理に発言させることはない。「パス」もありだし，「なにも感じなかった」というような発言も，「そう」と軽く受ければよい。

「気持ちがよかった」

「集中できた」

「聞きやすかった」

「静かだと内容を理解しやすかった」

「いいクラスになった気がした」

こんな言葉がかえってくるとする。教師は，「『静かさ』は勉強をする上で大事だね」と言っておく。

このことは，次の「静かさ」を生む布石となる。

さて，「読み聞かせ」を人に勧めるとき，必ず「どんな本を選んだらいいのですか」と問われる。

「『きまり』はありません」とか「教師の気に入っているものを選ぶのが最良です」とか答えることも可能だが，「むずかしい学級」の場合，絶対にはずせない「線」というのがある。

それは次のことである。

---

初期は，短くて笑える絵本を選ぶ

---

これには，いくつか理由がある。そもそも，「むずかしい学級」は学習することに期待をしていない子が多い。授業中に行われることは，すべて味気なく，つまらないと感じている。

そうした子どもたちにはじめから長大で難解な絵本を読むことは得策ではない。

５分以内に読み終わるもので，さらっと笑えるものがいい。そうして，「集中」や「静かさ」を安定して具現できるようになるのを待ち，徐々に長

いもの，むずかしいテーマのものを選ぶとよい。

　よく指導順序は「易から難へ」と言われるが，絵本の読み聞かせについても同様である。

　せっかくはじめた読み聞かせであるのに，その読み聞かせで子どもたちに失敗をさせるのは，あまりに残念だ。

　最悪なのは，絵本を読み聞かせたときの子どもたちの態度について，説教したり，怒鳴ったりすることだ。

　私は，かなり「むずかしい学級」をもったこともあるが，その学級でも絵本の読み聞かせは，しばらくすると成立するようになっていった。「むずかしい学級」を担任している教師には，ぜひ「読み聞かせ」を信頼してほしい。

　次に，絵本の読み方についてである。絵本の読み方には細かな約束事があるのだが，最低限気をつけることは次のことである。

　理想を言えば，教室の空いているスペースに子どもたちを集め座らせて，読み聞かせをすることだ。しかし，これが絶対ではない。学級の状態によってはそれが難しい場合もあるのだ。

　例えば，子どもたちを席から離して動かすと学級が混乱する。集まって自由に座らせると，喧嘩が起きる。あるいは，他者の動きに過敏な子がいて，近づいて座っただけで思いがけず，そばの子どもに暴言を吐いたりする場合がある。

　こうした場合は，座席に着かせたままで読み聞かせを行う。たしかに，集まって床に座らせると子どもたちに一体感が生まれる。しかし，それはあくまで理想なのだ。理想を追求するがあまり本来の目的を達成できないとすれば，それはかなり残念なことである。ここで大切なのは，読み聞かせによって前述したような「よい状況」を生み出すことなのだ。

　ただし，席に着かせたまま絵本を読み聞かせる場合，それなりの配慮も必要である。その第一は「見え方」に関しての留意である。まず，絵が小さいもの，輪郭がはっきりしないような絵の本は避けるべきだということである。

　後ろの子が見えないことで，教室が混乱することがある。また，教室の両

56

第2章 「むずかしい学級」効果10倍の教科指導

サイドからの見え方も確認する必要がある。そこで，少し時間はかかるが，絵本をめくる→左右にゆっくり絵本を動かし，全体に見せる→読むというふうにする。あるいは，教室に実物投影機やプロジェクターの設備があれば，それらを活用してもよい。もちろん，読み手である教師の顔の横で絵本が繰られることが理想ではあるが，これもまた理想を追い過ぎるあまり，目的が達成されないのは残念なことである。

読み聞かせの効果
① 見る，聞く態度を育成することができる
② 「よい言葉」を入れる
③ 静かであることの心地よさを実感させられる

## 3 音読指導で挑戦する心を培う

　音読の指導もまた「むずかしい学級」にとって，効果の高い学習事項である。音読は，声を出すだけである種のカタルシスを子どもにもたらすため，「むずかしい学級」でこそ，取り組みたい活動である。

　しかし，だからといって「むずかしい学級」でいきなりはじめから音読指導が成立するかといえば，それは残念ながら否である。

　「むずかしい学級」であればあるほど，声を出すという表現活動は一般的に難しいのだ。

　第一に，「むずかしい学級」では，間違うことが許されない。子どもたちは，教室で間違うことを極端におそれている。

　それは，学習に「意欲的な子」たちもそうであるし，中間層の「様子見の子」たちもそうである。

　彼らは間違ったときに，他者から発せられる言葉にびくびくしている。つまり萎縮した状況にあるのだ。

　では，傷つける側の「意欲の低い子」たちはどうかというと，実は彼らも同様なのだ。

　自分が指名されたり，自分の読む番が回ってきたりすると，「読むのめんどー」と言ったりするのは，けっして読むのが面倒くさいのではなく，読むことを失敗したらどうしようと不安になっているのだ。だから，「読めない」ということを悟られないようにしつつ，読まなくてもよいように対応する。

　逆に言えば，その萎縮する要素を取り除けば，どの子も読めるということになる。

　取り除くべき第一の要素は，間違いをからかったり，馬鹿にしたりする学級風土である。しかし，そのことは通常すぐにはできない。風土などというものは，何か月もかけて培っていくものだからだ。

　だから，それは難しい。だとすると，教師ができることの第一は，間違わせないような音読の力をつけるということである。

58

第2章 「むずかしい学級」効果10倍の教科指導

　しかし，普通に考えるとそのことの方がむしろ難しいと思えるかもしれない。学習への意欲が低いと思われる子どもたちに，間違わずに音読させるのは至難の業であるように思える。

　しかし，ある方法ですれば，これは実に簡単にできる。

　それは読む範囲を限定するということである。

　例えば，教科書の一文だけを練習させる。次のような手順でする。

　「先生の後について読みましょう。『太郎の上には真っ赤な夕日がどこまでも続いていた』」

　「太郎の上には真っ赤な夕日がどこまでも続いていた」

　「では，その一文だけを練習します。後で一人一人読んでもらいます。完璧にできたと思ったら座りましょう。全員起立！　どうぞ」

　子どもたちは，立ち上がり思い思いに練習をはじめる。そして，次々に座っていく。たった一文だから，時間はさほどかからない。

　全員が座ったのを確認したら，座席順に子どもたちに一文だけ読むことを指示する。

　「○○くんから，最後の□□くんまで35人全員が次々に今練習した文を読みます。ただし，条件があります。それは，前の人が読み終わったら，すぐに立ち上がって読むということです。２秒以上空いたら，先生が『おっしい！』と言います。そうすると，○○くんからもう一度読むことになります。ようい！　スタート」

　次々に淀みなく子どもたちは読んでいく。最後の□□くんまでいったときに，教師は「成功！」とやや大きな声でいい，拍手をする。

　子どもたちも，顔をほころばせて，思わず拍手する。

　その様子を確認した後，間髪入れずに次のように話す。

　「今の記録は，１分58秒です。さて，もう１回やります。これを１分55秒にすることは可能ですか？」

　こう問うと子どもたちはたいてい「できる」と言う。

　そこで，すかさず「たった３秒縮めるのにも，一人一人が速く読む必要が

59

あります。全員起立！　速く読む練習，はじめ！」と指示する。

　子どもたちは，意欲的に練習する。45秒程度で練習をやめさせる。

　「もう十分ですか？」と尋ねる。子どもたちが「大丈夫」と言えばそのまま進むが，「先生，もう少し」と応じれば，「やる気があるなあ」と話して，再び15秒の練習に入る。

　そして，いよいよ子どもたちに1分55秒に挑戦させる。

　教師はストップウォッチでそれを計測する。やや大げさなアクションでストップウォッチを止め，もったいぶって記録発表をする。

　「1分49秒22！」

　子どもたちは「やったあ！」と叫んだり，「おお！」と声を上げたりする。

　小さな成功体験を積み上げた瞬間である。

　子どもたちが静まるのを待って，次のように話す。

　「ところで，なぜ成功できたの？　隣の人と意見を交流してみて。時間は15秒ね」

　子どもたちは当たり前じゃんという顔をしながら，隣の子と「練習したからじゃん」「一人一人の力だよね」などと話している。

　ここは，列指名で数名をあて，発表させる。

　「努力することで，成功に近づく」ということが，シェアされたところで次の話をする。

　「今のは一文だからできたね。では，これが三文ならどうだろう」

　一つの小さな成功体験が原動力となって，子どもたちは次のチャレンジをしようとする。

　「できるよ！」と言ったり，「1ページでも大丈夫！」と言ったりする。

　そこで，ここでは無理をさせないで三文程度にする。この段階では，失敗を注意深く回避する必要があるのだ。

　あくまで，子どもたちに小さな成功を積み上げさせ，次のチャレンジに向かうような心の体力をつけることが目的である。

##  「ちょっとだけ読解」で「意欲が高い子」たちを活躍させる

　「むずかしい学級」を担任したてのころは，前述の音読指導の時間をかなり長く取る。
　それは，音読が成果や学級の一体感を引き出しやすいからである。そのことによって，子どもたちの小さな成功体験を積み重ねることができる。
　しかし，そうした成功体験を積み上げ，学ぶ態勢ができてくると，「読解」の時間が長くなってくる。
　この「ちょっとだけ読解」の時間は，はじめ5分程度であるが，徐々に10分，15分と長くなっていく。
　その内容はどのようなものか。
　まず，私がしていることは国語学習の基盤となる学習用語を指導するということだ。
　例えば，「登場人物」「中心人物」「心情の変容」「山場」「主題」というような用語はていねいに教える。
　「ていねいに」とは定義をして，それをノートに書かせるということである。
　例えば，「登場人物」であれば，「作品に登場するもの。心情や行動が描かれている。人間だけでなく動物などの場合もある」とノートに書かせる。
　これをもとに，作品の登場人物は誰かをすべてノートに書かせる。
　書かせた後は，一つ一つについて，登場人物と言えるかどうか検討する学習へと進む。
　こうした学習は，ことさら新しい指導方法ではない。しかし，「むずかしい学級」においてこれらを指導する際には，やはりそれなりの留意点がある。
　まず，ノートに学習用語の定義をしっかりと書かせることの意味である。
　いくら授業を進めることが困難な状況にあっても，やはり「学習の跡」は残すべきだということである。
　「むずかしい学級」の保護者の中には，「むずかしい保護者」もいる。そう

した保護者からなにか言われた場合に,「学習の跡」を残しておくことは,教師自身を守るためにとても大切なことである。

　もちろん,教育という仕事は,子どもたちのためにするものである。しかし,教室の中が困難な状況の折に,家庭とも困難な状況になってしまっては,教師は「まいって」しまう。

　「むずかしい学級」をもつ際には,教師が自分自身をどう守るかも実は大切なことなのだ。

　もう一つは,国語科の学習を曖昧にしないということである。国語科の学習は,「そういう感じ方もあるね」「そういうふうに読むこともできるね」という指導が積み重ねられている場合がある。「むずかしい学級」においては,そうした学習がかえって子どもたちの学習意欲を低くしている場合がある。

　読者の読み方を尊重する,いわゆる読者論という考え方で進められる国語科授業を,私は否定しない。もちろん,そうした授業が効果的な場合もあるだろうし,効果的な教室もあるだろう。

　しかし,「むずかしい学級」を担任してきた私の実感は,そうではない。「むずかしい学級」の子どもたちにそうした「あれもいい,これもいい」授業をすると,子どもたちはこう言う。

　「なんか,意味がわからない」

　「結局,どうでもいいんじゃん」

　「先生,なにが正解なの?」

　「むずかしい学級」の子どもたちは,なにが正解であるのかを明確に教えて欲しがっているのだ。

　国語科教育の様々な主張を否定するわけではないが,少なくとも「むずかしい学級」では,国語科教育の理想よりも「この子たちに合っている」教育を私は優先したいと考えている。

　最後にもう一つ言いたいのは,こうした授業が「意欲の低い子」だけでなく,「意欲の高い子」たちの意欲も引き上げるということである。

　「むずかしい学級」での授業は,授業そのものを成立させるために,やは

第2章 「むずかしい学級」効果10倍の教科指導

り「意欲の低い子」たちに合わせて行われる部分が多い。

それは仕方のないことだが，少しむずかしく，知的な学習も授業には必要なことなのだ。

なぜなら，「意欲の高い子」たちの知的好奇心を満足させることも，「むずかしい学級」では必要なことだからである。

もしも，「意欲の高い子」たちをないがしろにしているとしたら，その教室は「意欲の低い子」たちだけのものになってしまう。さらに言えば，一番真面目に，正当な努力をしている子たちが，もっとも報われていないということにもなる。

そこで，「意欲の高い子」たちも活躍できる場を教師は用意しなければならない。

例えば，前述の授業において，「意欲の高い子」が次のような発言をしたとしたらどうだろう。

「花子さんは，登場人物とは言えないと思います。というのは，太郎くんと二郎くんが校庭で遊んでいるとき，遠くにいたのが花子さんで，しゃべってもいないし，心情も描かれていません。もしも，劇をしたら，花子さんはステージにいないと思うんですが，どうですか」

こうした子どもの発言に，「意欲の低い子」たちも「なるほど」という表情をする。

すかさず普段「意欲の低い子」を指名して「どう感じた」と尋ねる。

「納得」とその子は答える。

ここが肝心なところである。

「意欲の高い子」の発言を，単に真面目な子の発言として流してはいけないのだ。

騒がしくて，「意欲の高い子」から実は苦々しく思われている「意欲の低い子」に，「意欲の高い子」の意見に賛同することを通して，ともに学ぶ者として，ここにいるのだということを，体験的に認めさせるのだ。

放っておくと，各層の子どもたちは同じ教室にはいるが互いを苦々しく思

63

っていたり，互いに無関心でいたりする。

　そこで，先のような方法で互いをメンバーとして認め合うような場面を，意識してつくる。

　これは，「意欲の高い子」と「意欲の低い子」を分断しない「むずかしい学級」での一つの指導のポイントである。

　こうした場面を授業でつくることができるのも，学習用語をしっかりと定義して，それを足場にして思考させているからである。

「意欲の高い子」にも活躍のチャンスを
その活躍を「意欲の低い子」が認める場面をつくる

第2章 「むずかしい学級」効果10倍の教科指導

 **漢字学習で「できる」を実感させる**

　子どもたちにとって，音読の次に成長している実感を得られる活動が，漢字学習である。

　しかし，一方でこの漢字学習は「意欲の低い子」にとって，もっとも苦手な学習とも言える。それは，「むずかしい子」たちにとって，一番苦手なことが，こつこつと練習し，覚えることだからである。

　高学年になればなるほど，「むずかしい子」は「どうせ，僕（私）はできない」という意識を強くもっている。つまり，年齢を重ねるごとに，強固な負の学習成果を積み重ねてしまっているのである。

　この状況を打開するのは，むずかしいことだと感じるかもしれない。しかし，実は存外簡単だ。

　「どうせ，僕（私）はできない」を，「僕（私）は，やったらできるかも」に転換すればよいのだ。

　子どもたちが漢字学習を行おうとしないのは，「やってもできない」からである。それを，「やったらできる」にすればよいのだ。

　こう書くと，「なにを言っているんだ」という声が聞こえてきそうだ。「まさにその方法が見つからないことが，問題なのではないか」と。

　しかし，例えばこうした指導をしたらどうだろうか。漢字を二つだけ，毎時間教える。

　まず，事前にフラッシュカードを使って，漢字の形と読み方を子どもたちの頭の中に入れておく。

　さらに，次の手順で新出漢字を練習する。

　「読み方を確認」→「筆順を教える」→「筆順を覚えさせる（空書き，隣同士で確認など）」→「書く（一つの漢字につき三つ程度，隣同士で正しいかを確認）」。

　ここで必ず取り入れたいことは，隣同士で確認をさせることである。

　隣同士での確認をさせることによって，今習っている漢字についての記憶

65

が単なる暗記から，エピソード記憶になる。

　例えば，「ここは，はねるんじゃなかった？」「ここは出ないんだよ」という隣同士のやり取りが，漢字定着の際に功を奏することになる。覚えるのが苦手な子どもたち，短期記憶が苦手な子どもたちにとっても，この方法で覚えることは効果がある。

　教師の役割は，そうした教科の学力をつけるということだけではない。他者とよい関わりをもちながら学ぶ力も子どもたちにつけて欲しいと，多くの教師が望んでいるはずである。

　それを，この漢字学習で具現することができる。

　特に，「むずかしい学級」の子どもたちは，個々の子どもたちが安心して学び合えない状況であったり，子ども同士の関係が気まずくなっていたりすることがたびたびある。

　そうした状況を改善する上でも，この学び方は有効である。

　しかし，有効であることは間違いないのだが，この方法を安易に用いるのはいけない。

　それは，こうした他者と関わらせて学ぶ方法を取ること自体が，「むずかしい学級」では，採用してはいけない方法だからだ。

　例えば，先の漢字学習でもそうだ。

　子どもたちの良好な関係が築かれていないと，関わりを学ぶせっかくの機会も，「この漢字は正しい」「間違っている」と主張をぶつけ合い，決裂することになってしまう。たった一つの漢字を確認することができない。それが，「むずかしい学級」なのだ。

　たしかに，子どもたちはそうしたぶつかり合いの中からなにかを学ぶという場合もある。しかし，「むずかしい学級」では，その数が多く，ぶつかり合いが決定的な「決裂」をもたらすこともある。

　こうなってしまっては，健全な授業運営，学級経営はままならない。

　そこで，当初はそうした小さな「隣同士の関わり合い」も教師がコントロールする必要がある。

例えば、「漢字が正しかったら、指で小さい丸をつくって『ナイス！』。間違っていたら『ここ、惜しいね』と声をかけよう」と指示をしておく。
　これらは板書もして、その言い方も練習する。
　こうしたことは、一見ばかばかしいことのように感じる。そこまでしないといけないのかと疑問をもつ人もいるだろう。
　しかし、実はこうした小さな一つ一つのことを教えることが、「むずかしい学級」では、重要なのである。
　「むずかしい学級」の「むずかしい子どもたち」は、関わり方を知らないがために無用な摩擦を他者と起こしてしまう。
　小さな一つの方法であっても、教えないと、学級は簡単に航行不能に陥ってしまうのだ。
　まず、方法を教える。そして、その通りにできたら、その関わりがどうであったか尋ねる。
　「隣の人に『ナイス！』と言われたときの気持ちは？」「隣の人に『これ間違ってるじゃん！』と言われるときと、やさしく『ここ、惜しいね』と言われたときの感じ方の違いは？」と。
　ポジティブな反応をかえしてくれたら、「こういう言葉を使うと、安心して勉強ができるよね」と子どもたちに価値を語る。

初期段階でのペア活動は、ていねいにその関わり方を教えることが大切

こうしたことをした上で，授業の最後に2問程度の漢字テストを実施する。

「2問合っていれば，100点です」と説明をする。

こうした子どもたちへのフィードバックは早い方がいいので，「できた人から，もってきてください」と指示をする。

提出した子に，その場で丸つけをして返却する。

「満点，よし休み時間ね」

「惜しい！　ここの線は上に出るよ。もう一回書いてきて」

こんな調子で丸つけをする。

「むずかしい子」たちにとって，待つことはむずかしいことである。

もちろん，待つことを教えることも大切であるが，ここで待たせて列を長くすると，そこで無用なトラブルが起こる。並んでいるときに，じゃれ合って，やがてけんかになる。並んでいる子どもが，まだ座っている子どもに話しかけて，そこでもトラブルが起きる。

こうしたことができるだけ起きにくいように環境を調整することも，「むずかしい学級」の担任の仕事なのだ。

また，2問だけのテストということも一つのポイントである。

これで，10問テストだったらどのようなことが起きるか，想像してもらいたい。

子どもが解答用紙をもってくる。

教師は丸つけをして，「10問中，5問だから50点。やり直してもってきて」と指示する。

この瞬間に，子どもはやる気を失う。

暴言の一つや二つ，吐くかもしれない。

子どもによっては，ノートを教師にぶつけるかもしれない。

数を少なくして，限定して取り組ませるというのは，結局のところ子どもに成功への見通しをもちやすくするということである。

「一個なら，すぐ直せるや」という風に感じさせることはとても大切なことである。

合わせて，やり直してもってきたら，「おお，素直にすぐ直せたなあ。ほら満点」とほめてあげるようにする。

「むずかしい子」たちにとって，活動に見通しをもたせるということが重要だとはよく言われることである。だから，私も１時間の授業の流れを事前に板書しておく。つまり，次に何をするのかという「活動への見通し」をもちやすいようにしている。

しかし，それと同じように重要なのは，「成功への見通し」をもたせるということである。せっかく「活動への見通し」をもてたとしても，それを「成功しそうにない」と思わせてしまったら，意味がないのである。

そのためには，活動を少量，短時間にして，スタートとゴールを近くすることもまた重要な手立てである。

100メートルを走るとなれば途方にくれるが，10メートルを走ることはできるということなのである。

活動を少量，短時間にして，スタートとゴールを近くする

# 授業の構造を子どもたちに合わせる（算数編）

## 1 授業のパターンを大きく変えない

国語編と同様に，私が行っている算数授業の流れを紹介しよう。

① 前提となる技能について確認する
② 教科書の例題を何度も読む
③ 一人で解く
④ みんなと解き方を確認する
⑤ 全体で解き方を確認する
⑥ 練習する
⑦ ふり返る

この授業の流れも，ことさら目新しいものではない。

もちろん，このパーツのそれぞれについては細かな留意点があるのだが，ここではこの授業のパターンが，単元が変わっても大きく変わらないということを強調しておきたい。

世の中には同じことを続けるのが得意な人と，同じことをするのが苦手な人がいる。

授業のパターンを同じにすると，後者のような子どもが飽きてしまうのではないかと思うかもしれない。現場では，パターンを変えて新奇なものに対する興味をもとに授業を進めることが，大切だと考える教師も少なくない。

たしかに，子どもは新奇なものに興味をひかれる。それによって，意欲も高まる。しかし，実際のところ算数の授業においては毎時間与えられる問題が変わるので，それによって新奇性はある程度保たれる。

また、問題提示の方法などは当然変わってもよいし、子どもたちの取り組み方が多少変わってもかまわない。授業の流れを先に示した「①」から「⑦」を大きく変えなければ問題はない。

どうしてそうまでして、授業の流れを毎時間同じパターンで進めようとするのか。その一つの理由は、先ほど述べた「同じことを続けるのが得意な子」の学びやすさを保つためである。こうした子どもたちは、先の見通しがもてると安心して学ぶことができるし、有能さを発揮するのである。

しかし、見通しがもてない状態におかれると、なにをしてよいのかがわからず、つい私語をしてしまったり、ほかの子どもの学習の邪魔をしてしまったり、場合によっては立ち歩いてしまったりもする。

教師は多くの場合、それを放ってはおけない。だから、注意する。そうすると、子どもたちは、本来は有能であるのにもかかわらず、「学習に向いていない子」と教師に見なされてしまう。教師は常に注意を続けなければならない。授業は進まないし、精神的にもイライラすることになる。

しかし、それよりももっと問題なのは、彼ら自身が自分を学習に向いていない人間だと、思い込んでしまうことである。

例えば、教師のやり方が悪いために、子どもが教師に反抗するとき、教師は辛いと感じるが、子どもの傷は浅い。しかし、自分自身に絶望してしまったら、その子どもは指導者がかわったとしても、学びを遠ざけるだろう。

これを避けるために、授業のパターン化が必要なのだ。はじめは、授業のたびに黒板にすべての学習過程（流

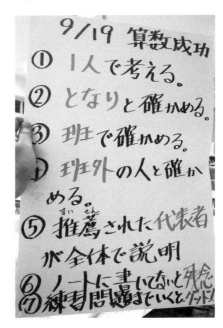

授業の流れを示す一例

れ）を書いておく。一段階が終了するたびにそれを一つずつ消していく。さらに，定着してきたら画用紙などに書いて，掲示する。

　もしも，このパターンを崩さなければならないイレギュラーな場面が出てくる場合は，必ず前日や，その日の朝に告げておくようにする。

　また，導入段階で留意しなければならないのは，すべての学習段階を授業のはじめに提示するのだが，初期においては，その段階がすべて実施できなくてもいいということである。

　もしも，すべての段階の実施を求めているのにもかかわらず，それが達成できない状況が生まれれば，子どもたちは荒むことになる。「どうせ，僕（私）たちは，やってもダメなのさ」と思うだろうし，それを口にし，行動でも表す。それくらい，彼らは負の学習を積み重ねているのである。

　そこで，先に示した「①」から「⑦」の過程を板書した後，「このすべてをいきなりすべてクリアすることは，6年生（中学生）でも，はじめはむずかしいよ。そこで，今日は『②』までできたら『成功』ということにしよう」と言う。

　すると，子どもたちは「ええ!?　問題読んだら終わりじゃない。そんなわけないよ。一人で，解くことはできるよ」と応じる。

　そこで，子どもたちと「解き方を確認していくところ」までをゴールと決めて学習をはじめる。

　こうしたことを続けていき，成功体験を積み重ねる。その上で，「そろそろ『みんなで解き方を確認する』というところまでやってみる？　けんかしたり，他人の邪魔をしたりする人がいなかったら，成功だけど」ともちかけてみる。

　こうしてステップアップしながら学習過程を定着させていく。


　さて，授業のパターンを変えないことのよさは，ほかにもある。ズバリ言うと，教師の説明や指示を少なくできるということである。

　もしも，毎回授業のパターンを変えると，そのたびに授業のパターン変更

第2章 「むずかしい学級」効果10倍の教科指導

の意義やその順序について説明をしなければならなくなる。

これを，その都度するとすれば，「むずかしい学級」には少なからず混乱が起きるだろう。一度説明したことを，何度も質問してきたり，言った通りに学習できなくなったりもする。

あなたは，それについておそらく放っておけないだろう。

注意したり，何度も同じことを説明したりすることになるに違いない。

そうしたことは，教室の雰囲気を著しく悪くする。意欲の低い子どもたちと，教師の関係は最悪の状態になり，意欲の高い子どももそんな教室では学びたくないと感じるだろう。時々，いわゆる「よい子」が登校を渋る要因に，こうしたことがあげられる場合がある。

これが，もしも毎回同じパターンで学習が進められるとすれば，教師の説明や指示はどんどんなくなっていくに違いない。

教師の負担は減り，子どもたちも約束事に慣れてくるので，算数の問題を解くという本来すべき学習に集中できるようになる。

## 2 前提となる知識・技能について確認する

算数の授業をする際に，大きな問題となることは，子どもの学力差の問題である。このことは，もちろん，どんな教室であっても問題となるわけだが，むずかしい学級でならなおさらのことだ。

むずかしい学級では，授業が成立しにくい。それは，学習に参加できない子が多くいるからだ。その子たちが，おとなしくしていたとしても，学習に参加できていなければもちろん問題だが，その子たちが学習の邪魔をしたり，教室から出て行ったりすると，教師はその対応に追われる。そんな状況でより多くの子どもたちに学習しやすい環境を整えることはむずかしいのだ。

この問題状況は，「既習事項（前提となる知識・技能）がわからない」→「学習に参加できない」→「教師や周囲の子どもたちに迷惑をかける」→「学習からなおいっそうスポイルされる」→「学習がわからない」→……という負のスパイラルが，あたかも無限に繰り返されていることに起因する。

73

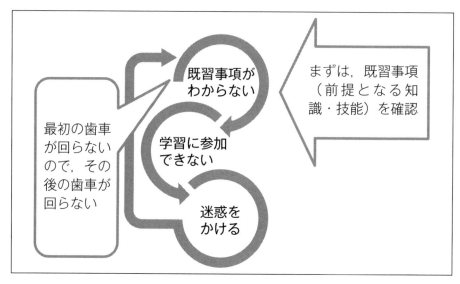

学習に参加できない子どもの負のスパイラル

　では、この問題状況を解決するにはどうすればよいのか。大きく言って、二つの方向性がある。一つは、個々の子どもの状況に合わせた個別の教育課程で学習を進めるという方向性。つまり、同じ教室にいながら、ある子は当該学年の学習をしているが、ある子は２学年前の学習をしているというような方向性である。もう一つは、全体としては同一単元、同時間の学習を進めながら、様々な学習支援を行っていくという方向性である。

　前者は、より一人一人の状況に合わせた学習内容に取り組ませることができるので、子どもたちの問題状況を根本から解決できる可能性がある。また、今日いくつかの先駆的な実践が行われてもいる。

　しかし、管理職や同僚の理解、学校体制の整備、保護者への説明などを考えると、どの教師にとっても可能かというとむずかしいのが現況であろう。

　そこで、より現実的なのは後者の方向性ということになる。つまり、従来の教育課程に従って、教室にいるすべての子どもたちに同単元の同時間の学習指導を行うということである。

第2章 「むずかしい学級」効果10倍の教科指導

① 本時で必要となる既習事項を，授業のはじめに確認する（わり算で「4の段」「7の段」が必要となる場合は，覚えにくいため暗唱させる，フラッシュカードで言わせるなどもする）

② 手元に記憶や手続きを補助するカードをもたせる（わり算の「たてる」「かける」「うつす」「ひく」「おろす」「またたてる」などのアルゴリズムと，実際の計算が載っているカードをもたせる）

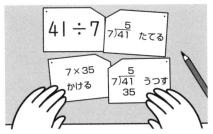

③ 掲示物によって本時に必要な知識を補完する（小さなポスターやカードを教室のどこかに貼っておく）

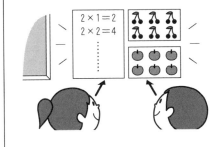

④ わからないことがあったときは，「小さな声」で教師や友だちにいつでも聞いていいというルールをきめておく

既習事項がわからないことへの対処

そうした指導を行おうとすれば，むずかしい学級では，既習事項の定着ので
こぼこが学習の支障となることは，すぐにわかる。これに対する手立てを
打たなければならない。

　手立てには次のようなものがある。

　子どもたちの状況に応じて，前ページの４点のいくつかを選択したり，あ
るいはすべてを行ったりする。こうすることによって，本時の学習の前提と
なる知識や技能に，不足があったとしても，子どもたちは安心して学ぶこと
ができる。


　ところで，子どもたちの中にはサポートが待てない子がいる。例えば，
「先生，わからないから教えて」と言ったときに，「先生は，今○○ちゃんに
教えているから，終わったら行くからね」と言うと，それで意欲を失ってし
まうというような子だ。こうした子どもの場合，④の「わからないことがあ
ったときは，『小さな声』で教師や友だちにいつでも聞いていい」が成立し
にくい。

　「聞いても，先生教えてくれないじゃん」と言ったりする。

　教師にしてみると，「少しくらい待てばいいのに。どうしてそれくらいの
ことでキレるのか」と思う。

　しかし，彼らにしてみるとすぐにサポートがもらえないと，わからなくな
ってしまうし，「先生，わからないから教えて」という意欲を，教師が蔑ろ
にしていると感じるようなのだ。「せっかく，僕（私）はがんばろうとして
いるのに」というわけだ。

　たしかに，それくらいのことを待てないと，この子のこれからの生活は成
立しないだろうと教師の方は思う。しかし，そう思う教師はどのような手立
てを打つかというと，結局「そのくらい待てなくてどうするの？」「順番で
回っているから！　先生は，一人なのよ」とネガティブなフィードバックを
してしまうことが多いようだ。

　そうすることで，その子の状況がよくなるかというと，答えは否である。

第2章 「むずかしい学級」効果10倍の教科指導

　そうした子は，ますます意欲を低下させる。さらに，教室を飛び出してしまうことさえある。つまり，また学習からスポイルされてしまうのだ。

　たしかに，子どもは適切な行動を取ってはいないのだが，それを叱ってなんとかしようとする教師もまた適切ではないのだ。適切でない二人の関係性はどちらかが改善しない限り，永久に変わらない。

　ここで，関係性をメタ認知して変化させられるのは教師の側だけだろう。では，なにができるのか。

　まず，「今，○○ちゃんを見ているから，お話だけ聞かせてくれる？」と言う。それに対して，子どもが「一の位をかけたら，32になって，『3』をどこに書けばいいかわからない」と言ったとする。

　それに対しては，「ああ，それよくわからなくなるよね。○○ちゃんの後でもいい？　それとも隣の□□ちゃんに教えてもらってもいいけれど」と応じる。

　子どもは「待っている」，あるいは「じゃあ，□□ちゃんに聞く」と答える。

　こうすると，いったん教師が自分のことを受け止めてくれたと感じるし，自分で行動を選択できるので納得できることが多い。

　さらに，**教師や周囲の子が自分のわからなさや，意欲を受け止めてくれるという経験をたくさん積むと，結果として子どもは教師が巡回してくるのを待てるようになるし，短期記憶が苦手ですぐ忘れてしまう子も周囲の子どもに安心して尋ねられるようになる。**そして，教師が直接教えられなくても，子ども同士で教え合うことができれば，わからないことがあるときに，誰かからすぐにサポートしてもらえるという教室になる。

　つまり，段々と待つ時間が短くなったり，最後は待つ時間がなくなったりする。これは，待つのが苦手な子どもたちにとって，結果として学びやすい環境ができあがるということになる。

77

# 3 教科書の例題を何度も読む

　教科書の問題文に関しては，学級によっては，一度だけ読む，書かせて終わりというところもある。結論から言うと，問題文は何度も読ませないといけない。

　書いてある内容を理解するためには，何度も読まなければならない。スムーズに読めないうちは，問題を理解できていないと判断してよい。もちろん，読めていれば，理解できているというわけではないが，スムーズに読めていないのに理解できるということはまずない。

　そこで，何度も問題文を子どもに読ませる。ただし，そこには留意点がある。

　一つは問題を読ませるという単純なことであるだけに飽きさせないということ。もう一つは，読めない子が読めないということを理由に，読まなくてもよいという状況をつくり出さないということだ。

　算数の問題を一斉に読ませると，ときどき読んでいない子どもを見つけることがある。そういう子どもを放っておかないことだ。そのための手立てを様々に打つ。ただし，そのときに「君は，怠けているだろう」という雰囲気を出しながら指導をしないことだ。**読まない子は，怠けているわけではないのだ。読めない（場合が多い）のだ。**恥をかきたくない。だから，読みたくないだけだ。そうした，みんなの前で恥をかくかもしれないという不安を取り除くという方向で指導することが大切である。

　具体的にその方法を書くと次のようになる。

---

① 「それでは，37ページ，葉っぱの『3』に指を置いて」

② 当該ページを実物投影機などで映写し，視覚的にも提示する

③ 「隣の人の指を見てね。もしもおいていないようなことがあったら，『ここですよ』と教えてあげてね」

④ 「それでは，先生が読むね。漢字が苦手な人は，遠慮なく漢字にふ

---

78

第2章 「むずかしい学級」効果10倍の教科指導

りがなを書いてね」（よい姿勢で聞くということをデフォルトとしな
がらも，個人にとっての学びやすさも保障する）
⑤ 「では，読みます。○○〜」（ここは文節ごとにやや間を取って，ゆ
っくり読む）
⑥ 「それでは，全員起立。隣の人と向かい合って，ぴったり声を揃え
て読みます。どうぞ」
⑦ 「次は，前後の人で読もう。読む前と，読み終わった後，2回，目
を合わせるようにしよう」

　一応，こうした指導の手順はあるのだが，これさえも「むずかしい学級」
ではできない場合がある。
　例えば，「相手がスピードを揃えてくれません」「目を合わせてくれませ
ん」「にらみます」というような訴えが出てくることがあるのだ。
　その場合，一番に考えなければならないのは，この活動の目的である。
　最悪なのは，「隣の人と読もう」と言って強引に読ませることである。そ
の子が，隣の子と読まないのは，読めないのかもしれない。例えば，その子
が男子で，隣の女子に読めないのがばれることが恥ずかしい。こんな場合だ
ってあるのだ。この活動の目的は，問題文を読めない子のために読み方を確
認するということだ。だから，隣や後ろの子どもと読まなくても，この目的
を達成できる方法を示してあげればいいのだ。
　例えば，「自分が安心して，一緒に読める人を探して，二人以上で読んで
ね。一人はダメだよ」と指示すればよい。
　大切なことは，目的達成であって，方法にこだわることではないのだ。
　そのためには，よく子どもを見て，子どもの行動の背景にあるものがなん
であるのかを見極めることだ。
　ここで言う「よく見る」とは，子どもの行動にだけ注目して，感情的なフ
ィードバックをしないということだ。その行動の背景にある子どもの意欲・
知識・感情・関係性などを見るということだ。

79

子どもの表面的な行動だけを見る

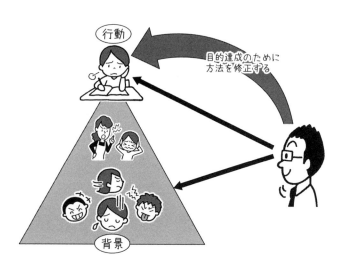

行動の背景を見て，方法を修正する

第2章 「むずかしい学級」効果10倍の教科指導

# 4 一人で解く

　算数の場合，一人で解く時間がその子が力をつける時間になる。未知の問題の解き方を考える時間が，考える力をつけ，本人にも力がついた自覚を促す時間になるからだ。

　しかし，この時間が「むずかしい学級」においては，子どもたちにとっても，教師にとってもまさに「むずかしい時間」になってしまう。

　算数が不得意な子は，解き方がわからなくて騒ぎはじめる。ほかの子どもの邪魔をしはじめる。努力すれば解ける子どもたちは，それらに邪魔をされる。あるいは，そちらに影響を受けて一緒に騒ぎはじめる。

　それを教師は，放ってはおけない。当然注意するし，それでも改善されないときは，声を荒げもするだろう。算数が得意な子どもは，それらに関心がないので，自分たちでひたすら問題を解き続けている。あるいは，注意しても，言うことをきかせられない教師を冷ややかに見ている。

　こうして，教室内の一体感と静寂が崩れ，算数の時間が繰り返されるほど，子どもも教師も自分たちのクラスに望みを失うという悲しいことになってしまう。

　この状況を，打開するにはいくつかのコツがある。まず，前述したように授業全体の流れを確認しておくということだ。次ページのような図を画用紙などに書いて，子どもたちに提示する。問題が一人で解けた場合と，解けない場合の行動を示しておくというわけだ。

　特に，解けない場合の行動を最後まで示すことは，算数が不得意な子に問題解決のための見通しをもたせることになる。

　困難な場合を先回りして支援しておくことは，その子の発達をかえって妨げてしまうという考え方もあるだろう。少し困らせた方がいいのだと思うこともある。しかし，困難な状況から多くを学び，自ら成長していくことができるのは，過去に困難な状況を切り拓いた子どもだけである。「むずかしい学級」をむずかしくしているのは，困難に際して挫折した経験しかしたこと

81

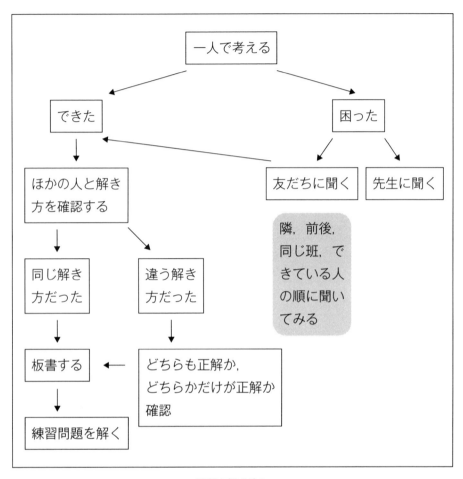

問題を解く流れ

がない子どもが多く所属しているという状況なのだ。

　こうした子は，スポーツでいう「負け癖」がついているのと同じだ。やる前から，「どうせできない」と思っているのだ。「どうせできない」と思っているから，困難を遠ざけて，自分が傷つかないようにする。

　だから，なんとかしてやらなくていい方法を見つけようとするし，教師に反抗もするのだ。ある種の防衛行動と言っていいだろう。彼らは反抗的なの

第2章 「むずかしい学級」効果10倍の教科指導

ではなく，自分が傷つくことにおびえているのだ。

　おびえている子どもを，「困らせる」ことは，より一層その子を学びから遠ざけてしまうことになる。だから，その方法を取るべきではない。**まずは，成功させ，自分は問題を解く力があると，子ども自身に信じさせることが大切だ。**そのために，もしも困難な状況に陥っても大丈夫なのだと，あらかじめ子どもたちにわからせておくことが大切だ。

　だから，75ページで述べた「わからないことがあったときは，『小さな声』で教師や友だちに，いつでも聞いていい」という方法を示しておくことが効果的なのだ。もしも，困難な状況になっても，「あなたにはすぐに状況を打開する手段があるのだ」と知らせておくということだ。

　また，ここで「小さな声で尋ねる」というルールを確認しておくこともとても大切だ。教室の中には，聴覚が過敏で周囲の音がとても気になるという子がいるのがふつうだ。教室での学習を離脱してしまう子どもの中に「うるさくて，頭が痛くなる」と訴えてくる子どもがいる。これも，おそらくは同様の理由を根として出てくる現象だろう。

　時々，荒れた学級にとても厳しい教師が入り，いっさい私語を禁止するときがある。そうした指導をすると，ある子どもたちがその教師の授業を称して「勉強がわかりやすい」ということがある。

　彼らは，雑多な音がする教室で学ぶことが，むずかしく，苦痛なのだ。

　そうした子どもたちにとっては「静かだ」ということは，それだけでとても値打ちがあることなのだ。

　では，だからといって多少強引にでも，私語を禁止し，破った子どもがいた場合は厳しく叱責した方がいいかというとそうではない。それは，教師が怖いから静かにしているに過ぎないのだ。**もっとも重要なことは，様々な人が教室にいることを知り，静かにすることがなぜいいことなのかがわかることである。**

　例えば，次のように指導する。

　「これから，とてもむずかしい問題を解いてもらいます」

83

子どもたちは，一瞬たじろぐ。しかし，にっこりして（一位数）－（一位数）の問題が，50問程並んだプリントを配付する。

　「すごくむずかしいでしょう？」と言うと，子どもたちは「いやいや」と言ったり，「すげえむずかしい」とおどけたりしている。

　「ただし，やり方があります。できるだけ，50問を１分以内で全部解いて欲しいのです。それと，（二人がけの席の）黒板に向かって右側に座っている人は問題を解いて，左側の人は大きな声で楽しそうなことや隣の人が気になりそうなことを，ずっと話し続けて欲しいのです。ときには，遠くの人に話しかけてもいいです」

　「ええ!?」と子どもたち。

　「後で，感想を言って欲しいと思っているから，両者とも真剣に取り組んでください」

　子どもたちは，ニコニコしながら聞いている。すぐに，活動をはじめることにする。

　教師も，問題を解き出して話せなくなった子どもに「ねえ○○さん，今度の日曜日は，少年団の試合はあるの？」などと話しかけるようにする。

　これを，役割交代して２セット行う。

　次に，新しい同じプリントを配付して，今度は全員が絶対に話さず，物音一つ立てずに１分間で問題を解くように指示して，実施する。

　その上で，隣の子ども同士で感想を交流する。

　さらに，全体で数名を指名して，意見を聞き合う。

　「僕は，特に何も感じませんでした」

　「私は，簡単な問題なんだけど，やっぱり頭の中がぐちゃぐちゃして，うるさいとやりにくかったです」

　このような感想が発表される。もちろん，全員が「やりにくい」と感じるわけではないし，その必要もない。ただし，**周りで大きな声で話をされると，気になって学習に取り組みにくい人もいるということを実感させることが大切なのだ。**

第2章 「むずかしい学級」効果10倍の教科指導

　また，このワークをやればすぐに授業が静寂に包まれるというわけではない。3分でも，5分でも静寂の中で，集中して学習に取り組めたときは，教師はポジティブなフィードバックをする。また，子どもたちにも「今，5分くらいの間，勉強のしやすさはどうだった？」と尋ねることもする。
　こうした地道な取り組みが，迂遠なように見えて，集中して学習に取り組める教室環境を整えるための近道なのである。

　しかし，自分たちの声の大きさがどれくらい他人の迷惑になっているのか，また，今自分がどれほどの声の大きさで話しているのかということさえも，自分たちでメタに理解することはなかなかむずかしいことである。
　それは，「むずかしい学級」であればなおさらのことだ。なぜなら，子どもたちは今までの「騒がしい状況」にずいぶん慣れてしまっているからだ。
　そこで，やはり今の子どもたちの状況を知らせる手立ても必要である。例えば，次のようなものである。

・学習中に，子どもたちの声が大きくなったら，黒板に「↓（声のボリュームを落として）」を教師が書く
・「↓」の矢印が三つになったら，これ以上続けても，できない人が出てしまうので，プリント学習を静かにすることに切り替える

【参考】
ジョージ・ジェイコブズ，マイケル・パワー，ロー・ワン・イン著／伏野久美子，木村春美，関田一彦訳（2005）『先生のためのアイディアブック―協同学習の基本原則とテクニック』ナカニシヤ出版

これらの約束を事前にしておき、教師はその状況に応じてフィードバックをしていく。その際、留意すべきことは、感情的にならないということだ。「残念な状況だね。次に成功するために、今日はプリントをやって、自分に力をつけようね」と穏やかに話すようにする。

　こうした冷静な対応を教師がするために、はじめに先のような約束を確認しておくことは重要だ。教師は、子どもが不適切な行動を取ると、「どうして、君たちはきちんとできないのだ。約束をしたにもかかわらず」と、子どもの内面の未熟さに憤慨しがちだ。だから、イライラして怒りをぶつけてしまう。

　しかし、これは「契約」なのだと割り切ればよい。最初の契約通り学習が進められなかったから、最初の契約通りに対応すればよいだけなのだ。

　子どもの内面的な未熟さに怒らなくてもよい。子どもだから未熟なだけだ。怒らず、叱らず、教えればよいのだ。

## 5 みんなと解き方を確認する

　ある子は一人で、ある子は少し時間をかけながら、またある子はクラスメイトの力を借りながら、問題を解いていく。できたらすぐに、できた人同士で解き方を確認していく。

　ここで確認の仕方について、次のようなルールを先に提示しておく。

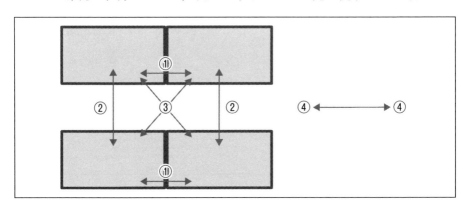

第2章 「むずかしい学級」効果10倍の教科指導

> ① 隣の人ができていたら，隣の人と
> ② 席の前後で
> ③ 同じグループの斜めの席同士での人同士で
> ④ 誰もいなかったら，立ち歩いて，信頼できる人と

　こうすることで，解き方の確認の際に，相手が見つからない，相手が偏るということを，ある程度防ぐことができる。

　さて，解き方を二人で確認すると，「確認した二人がまったく同じ解き方」「確認した二人が違う解き方」という場合がある。

　前者の子どもには，「自分の解き方が『ほぼ間違ってはいないだろう』と自信がもてるまで，何人かと確認してごらん」と言う。それで，自信がもてたら，黒板や教室にもち込んだホワイトボードに解き方を書き込ませるようにする。

　この活動も，確認した二人で協力して行ってもよいことにする。すると，「話すのは得意だけれど，書くのは苦手な子」と，それと逆の子が協働して説明のための板書を書き上げることがある。

　せっかく問題が解けたから，みんなの前で発表したいのだけれど，書くのが苦手だから，あるいは話すのが苦手だから発表しないという子は，存外いる。そうした子どもたちが協働すれば，それは「最強のコンビ」となる。

　次ページの画像も，そんなコンビが協働した板書だ。二人が板書している様子を，よく見ていると，発表が苦手な子が，積極的に発表が得意な子に尋ねていることがわかった。

　「数直線のここに『1分』って書くの？」

　「こっちも6分？」

　「いや，そっちは8分だよ」

　こうした対話の中でも，解き方の確認がされていることがわかる。

87

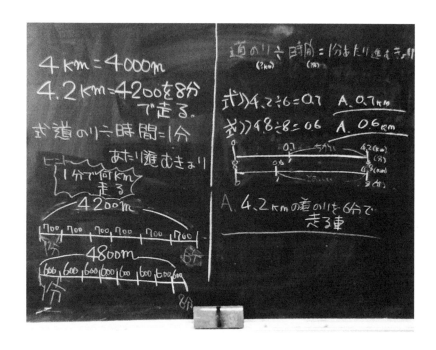

また，板書に関しては，次のようなルールも確認しておく。

- まったく同じ説明の場合は書かなくてよい
- 一部違う場合は，違うところだけを書く
- まったく違う説明の場合はすべて書く
- 黒板に書くことは，ほかの人にヒントを与えることでもあるから，きれいに書く
- ところどころ空欄にしておく。後の説明場面で，「ですから，ここにはどんな数字が入りますか？ ○○さん」というようなやり取りを促すためである

一方で，「確認した二人が違う解き方」という場合がある。この場合も，ほかの数名と交流を重ねることを勧める。そして，「両方正しい解き方」で

第2章 「むずかしい学級」効果10倍の教科指導

あるのか，「片方だけが正しい解き方」であるのかを考えるように促す。しかし，子どもたちには，判断がむずかしいときもあるので，「困ったら，先生に声をかけてね」と言っておく。

さて，ある程度交流相手の条件をつけたとしても，いわゆる「仲良し」同士でしか交流しないという状況になる場合がある。これを，多くの教師は歓迎しないようだ。

しかし，これも子どもの行動のその背景を理解しようとすると，見えてくることがある。あまり親しくない子ども同士では，やはり交流するための精神的な負担が大きいのだ。よくわからない相手に，自分の弱点を晒すのはやはり怖いことである。また，交流がギクシャクするのは，心地よいことではない。

そう考えれば，「もっと，いろいろな人と交流して！」と促す前に，教師がすべきことがあると気づくはずだ。

それは，できるだけすべての子どもたちが，いろいろな子どもと関わる場面をつくっておくということだ。日常的に，様々な組み合わせで活動をさせるように配慮し続けるということが，とても大切なのだ。また，**「親しさ本位」じゃなくて，「学び本位（この人に尋ねたらいい情報がもらえそう）」で交流相手を選んだ子どもには，「どうして，○○さんのところにいったの？」と尋ねるようにする。**

「だって，○○さんの説明の仕方がわかりやすいから」というような答えがかえってくれば，両方の子どもに対して，ポジティブなフィードバックをしてあげるようにする。

「そういう相手選びができると勉強ができるようになるね。そして，○○さんとの勉強がとっても意味のあるものだから，そう思えたんだろうね。○○さんもナイスだね！」

こうした指導を繰り返すうちに，「学び本位」の相手選びが当たり前として定着していく。

89

## 6 全体で解き方を確認する

　ここでは，先述した段階で書かれている板書やホワイトボードを示しながら，子どもたちが説明していくことになる。

　最終的には，幾人かの子どもたちが，いくつかの板書や大型のホワイトボードに書かれた解き方の前で，自分の解き方を説明するというポスターセッション型の説明にするのだが，初期段階では一人が発表をして，そのほかの子どもが聞くという形態で行う。

　なぜなら，「一対多」の発表形式において，発表の仕方や聞き方のモデルを見せて，指導し，その後「多対多」の発表へと移行したいからだ。もしも，いきなり「多対多」の発表形式を採用してしまうと，教師は子どもたちの動きをモニタリングできなくなってしまう。

　では，以下，その指導例を示す。

　まず，こうした「話すこと」や「聞くこと」に関する指導では，聞き手を育てるのが大前提である。もちろん，話を聞かない状態になるのは，話し手の話し方が上手ではないことや，話している内容に聞く価値が低いことが考えられる。しかし，私たちは「どんな話でも聞ける子」を育てるべきであり，どんな人の，どんな話でも聞ける人が，社会に出てから，他者に愛されるということを経験的に知っている。

　聞き手に対する指導は，次のようなステップによって進める。

---

① 　3人（Aさん，Bさん，Cさん）グループをつくる

② 　役割を決める
　　・Aさん→話し手
　　・Bさん→聞き手
　　・Cさん→見ている人

③ 　Aさんには，「好きな〇〇」の話を30秒，絶え間なく続けることを指示する。「好きなお菓子」→「好きな動物」→「好きなゲーム」と

第2章 「むずかしい学級」効果10倍の教科指導

いうふうにテーマが途中で変わってもよい

④　Bさんは，それを30秒間「最悪の聞き方」で聞き続ける

⑤　Cさんは，そのやりとりを観察し続ける。ただし，AさんとBさんの会話に関わってはいけない

⑥　説明をし終わったら，「ところで……」と言って，全体で「最悪な聞き方」の具体を確認する。「最悪な聞き方ってどんなの？」と数名を指名し答えてもらう

　　・目を合わせない

　　・悪い姿勢

　　・ため息

　　・途中で，関係ないことをする（本を読む，立ち歩く）　など

⑦　実際に30秒，Aさんが話し続け，Bさんは「最悪な聞き方」をするワークを実施する

⑧　次に，「悪い聞き方」のときと同様，「最高によい聞き方」を確認する

　　・目をしっかり見る

　　・時々，あいづちを打つ

　　・しっかりと向き合う　など

⑨　役割を変えず，上記同様30秒でワークを実施する

⑩　今度は役割を変えて，同様に「最悪の聞き方」「最高の聞き方」のワークを行う。さらに，もう1回役割を変えると，3人がすべての役割を経験することになる

⑪　ワークを終えたら，それぞれ「最高の聞き方」「最悪の聞き方」のときの感じ方の違いを交流する

⑫　感じたことを全体の前で発表してもらう

【参考】
菱田準子著，森川澄男監修（2002）『すぐ始められるピア・サポート指導案＆シート集』ほんの森出版，pp.42-45

最後の全体交流場面では,「悪い聞き方をされるととても話しにくい」「悪い聞き方のときは, 見ているだけでつらい」「悪い聞き方だと, 話す人がかわいそう」「いい聞き方をされると話しやすい」「話すことが浮かんでくる」などのことが交流され, 実感されていることが確かめられればよい。
　よい聞き方の指導というのは, 聞き手側に立たせておくだけでは, 実のところできない。**話し手の側に立たせて, 悪い聞き手に向かって話すことのつらさ, またよい聞き手に向かって話すことの快さを実感させる**ことが必要である。
　これとは逆に, 話すことの指導は, 聞き手側に立たせて, 整理された話とごちゃごちゃとまとまりのない話を聞かせればよい。いかに, 整理して話すとわかりやすいかを実感させる。つまり, 逆の立場に立たせるのだ。
　聞き方指導をしたいときは話し手にさせ, 話し方指導をしたいときは聞き手にさせるということがポイントである。

| 聞き方指導 | 話し方指導 |
|---|---|
| <br>悪い聞き手のときは話しにくいことに気づく | <br>話し方が悪いと聞きにくいことに気づく |
| <br>よい聞き手のときは話しやすいことに気づく | <br>話し方がよいと聞きやすいことに気づく |

第2章 「むずかしい学級」効果10倍の教科指導

一方で，話し方に関しては，次のような指導を段階的に行うといい。

---

① 頭括型（意見のあとに理由）で話す
② 理由が複数ある場合は，ナンバリングする
③ 聞いている人，全員と目を合わせるようにする
④ 「。」をたくさんつけて話す（一文を短くする）
⑤ 時々，「○○さん，ここまでいいですか？」と尋ねながら話す
⑥ 「……じゃないですか」という文末にする（聞き手が，「はい」「わかります」などと応じる）

---

このうち，③以外は発表するたびに，気をつけるように指導すれば，わりと定着しやすい。

しかし，③はなかなかむずかしい。多くの子どもが教師に向かって話をしてしまうことが多い。算数の時間だけではなかなか定着しないので，ほかの時間（特に，総合のプレゼンテーションなど，一人が長い時間発表するような場面）にも次のような指導をする。

---

① 一人の子どもが発表する準備ができたら，全員に起立を促す
② 「これから，○○さんが発表します。○○さんと目が合ったら，座りましょう」
③ 発表が終わったら，「○人を倒しました（笑）」と数を確認する
④ 座っている人に偏りがあれば，それをフィードバックする（「どうやら近くの人をあまり見ていないようだね」というように）

---

さらに，発表をはじめる前に「何人倒したいですか？」と尋ねると，ゲームのようにこの活動を楽しむことができる。

数回やると，自分がどれくらい聞き手に目を配りながら話しているかに気づけるようになる。

93

# 7 練習する

例題を解くことができたら，練習問題に取り組ませる。例えば，教科書に8題の練習問題があるとする。次のようなルールを設定しておく。

① 問題を解く時間を7分ときめる
② 自分が何番を解くのかをきめる（練習問題中，1〜4番と5〜8番までが違うタイプの問題だとする）
　　・全問解く
　　・1，2番と5，6番のみ解く
　　・1番と，5番のみ解く　など
　　※1番と5番は違うタイプの問題なので外さないようにする。
③ 8題分の答えを事前に配付する（ヒントとして，途中で見てもよい）
④ タイマーをセットして，解きはじめる
⑤ わからないときは，教師か友だちに小さな声で尋ねてよい（教師は巡視している）
⑥ すべてできてしまった場合は，自分で丸つけをして，教師を呼び，見てもらう。
⑦ 教師からサインをもらったら，巻末の問題や教師が用意した問題に取り組む

時間になったら，教師は「途中でもやめてね。人はみんな違うから，全部できていなくてもいいよ」と言ってやめさせる。「予定していた問題が全部解けた人？　解けなかった人？」と，挙手によって進捗状況を確認する。

机間巡視をしている間に，その子の取り組み方を教師が把握している子についてはそのままでいいが，十分その子の状況を把握できていない場合は，「ふり返り」のときに，ノートを見せてもらったり，「どこでつまずいたの？」と尋ねたりする。

第2章 「むずかしい学級」効果10倍の教科指導

# 8 ふり返る

　ふり返りをする目的は，子どもたちの有能感を高めるためである。「僕（私）も，がんばればなかなかやるじゃないか」と子どもたちに思ってもらうための手助けをすることがこの場面での教師の役割である。

　練習問題を解く時間が終了したら，下のような紙を配り，ふり返りをしてもらう。

　この項目は，ごく簡単なもので，１分でできるくらいのものを用意する。

　もちろん，単元によって目標が違うのだから，ふり返りの項目を変えるべきであるのはわかる。しかし，そうすると項目が変わるたびに子どもたちに説明をしなければならない。だから，どの単元でも活用できるような汎用性の高いものの方がよい。

---

月　　　日　名前 ＿＿＿＿＿＿＿＿＿＿＿

算数科ふり返りシート

１．今日の授業について当てはまるものを，すべて○で囲みましょう。

　・問題が理解できた。　　　　　　　　・解き方がわかった。
　・先生や友だちに聞いて問題が解けた。　・一人で問題が解けた。
　・解き方を人に説明できた。

２．今日の授業であなたを助けてくれた人は，誰ですか。

＿＿＿＿＿＿＿＿＿＿＿＿さん
　どんなことをしてくれたの？ ＿＿＿＿＿＿＿＿＿＿＿＿＿＿＿

---

95

# 小さな成功体験を積み上げる

## 1 「努力すれば報われる経験」を積む

「むずかしい学級では,『授業』が成立しにくい」という言い方があるが,「むずかしい学級」を何度か担任した経験から言えば,それは少し違う。

「むずかしい学級」では,子どもたちが,能動的に学習に向かっていかないという意味で「『学習』が成立しにくい」と言った方がしっくりとくる。

「むずかしい学級」であっても,強権的な教師がきて,話を聞かせる授業をしようとすれば,ある程度できる。一見,授業は成立しているかのように見える。

しかし,子どもたちが能動的に学んでいるかといえば,答えは「否」である。そういう意味で,「むずかしい学級」では,子どもたちが授業を受けているように見えていても,学習は成立していないと私は考えている。

なぜ,「むずかしい子」たちは,学習をしたがらないのか。

それは,もちろんはじめからそうだったわけではない。学習に向かわない姿勢もまた,学習によって獲得したものである。

では,その学習とはどのようなものだろうか。一言で言えば,それは,学習しても成果が上がらないということを周到に学んだということだ。

例えば,漢字の練習をていねいにしたとしよう。にもかかわらずテストの点数が芳しくない。これは,単にテストの点数がよくないという以上に絶望的な意味を子どもたちに与える。

子どもたちは,努力しても成果を出せない自分に絶望するのだ。

例えば,「努力しなかったから,成果が出なかった」というのなら,まだましである。それは,ごく当たり前のことなのだから。しかし,そうではない。子どもは「やってもダメな自分」を受け入れなければならない。これは,

第2章 「むずかしい学級」効果10倍の教科指導

とても残酷なことだ。

　だから，子どもは自分を守るために，努力しないことを選ぶ。「めんどー」とか，「勉強なんか，やってられっかよ」という態度を取って，自分を守っているのだ。努力してもダメな自分は惨めすぎるではないか。

　もちろん，人生には「努力しても報われないこと」が多くある。それは，悲しいことである。

　しかし，そうした思いをしても，踏みとどまり踏ん張っている人は，たくさんいるではないかと思う人がいるだろう。しかし，踏みとどまり，踏ん張っていられるのは，いつか必ず報われる日がくると信じられるからである。

　それが信じられるのは，過去に成功したことがあり，そのことによって成功への見通しをもてる人だけである。

　つまり，「努力しても報われるとは限らない」ことは，人生の真理であり，「努力すれば報われる経験」も知っていなければ人は努力して生きてはいけないのである。

　そうした人生への信頼を形づくるのが，究極には学校という場の役割ではないかと私は考える。つまり，「自分も，なかなかやるもんだ」と思える人を育てる場所が学校なのだ。

　人生の初期である子どものころに成功体験が極端に少なければ，人は健全に生きてはいけない。

　学校には，努力したらその何割かは報われるという経験を周到に積み上げる責任があるのだ。そして，その責任の多くは小学校なら担任が負っていると私は考える。

　また，その責任を教師が果たすことによって，やがて出会う「努力しても報われるとは限らない」状況においても，たくましく生きる人を育てることができる。

　苦労は買ってでもすべきで，つらい状況こそが人を強くするのだという人がいるかもしれないが，それは間違っている。極端な挫折は，決して人を強くはしない。

極端な挫折を経験した人間は，臆病で卑屈になるのがふつうである。
　では「努力すれば報われる」という経験は学校生活のどの場面で，経験させればよいのか。日々の教科指導，行事指導，休み時間……様々ある。そして，そのうちの一つにテストがある。
　努力したことが，はっきりと客観的に成果になって表れる。これは，子どもたちにとって，とてもわかりやすい成果である。
　しかし，実際のところ，そのテストは何人かの子どもに自信を失わせ，努力を無意味なものと感じさせている。子どもたちはテストを嫌がり，「テストです」と言うと「ええ！」と叫ぶ。「テストです」と言うと，「よおし」と言い，テストが終わるとしつこいくらいに「先生，僕（私），何点でしたか」と尋ねてくるようになればいいのに，実際にはそうなっていないことが多い。では，どうすればそうした現状を変革できるのか。

成功体験の積み重ねが人を強くし，挑戦する人を育てる

第2章 「むずかしい学級」効果10倍の教科指導

 **「よい授業」をすれば,「よい点数」を取れるわけではない**

　まず固定観念を捨てる。
　「よい授業」をすれば,子どもたちはテストで点数を取るはずだという考えを捨てることだ。
　もちろん,「よい授業」をした上で学力をつけている(テストで点数を取らせている)という教師もいる。そして,よい点数を取っている子どもたちもいる。
　しかし,私の実感は,「『よい授業』をすれば,テストで点数を取らせられるとは限らない」というものだ。
　例えば,若いころある学校で算数の研究をしていた。その学校に,たいへん活発な授業をされる教師がいた。
　子どもたちは,自分たちで解決法を考え,それらを堂々と発表していた。
　ところが,そのクラスはテストになると,それほど高い点数を取るわけではなかった。あまりにテストの点数が思わしくないので,担任教師は単元の終末に練習問題を1時間いっぱいさせていた。
　つまり,普段の「よい授業」がそのままテストでよい点を取るという学力にはつながっていなかったのだ。
　この話は,「さもありなん」と多くの現場教師が納得するのではないかと思う。
　私は時折,研修会で「理科の授業で実験を子どもたちにさせればさせるほど,テストの点数が下がるじゃないですか?」と言う。すると,参加者からは笑いが漏れる。参加者も,そう感じているのだ。
　もちろん,「よい授業」をして,それがテストでよい点数を取ることに直結していれば言うことはない。
　しかし,実際はそうなっていないことが多いのだ。
　理科がその最たるもので,活動的な,いわゆる「よい授業」をすればするほど,単元テストの点数は芳しくない。

99

もしも，こうしたことを続けていくとどうなるだろう。子どもたちは何を学ぶだろう。

「どんなに意欲的に，楽しく学んでも，どんなに一生懸命学習しても，テストで点数が取れるわけではない」

「授業中に発表をたくさんして，先生はほめてくれるけれど，自分はどうやら勉強がそんなにできるわけではないらしい」

「この教科が苦手だ。自分はダメな人間だ」

子どもたちが，このように感じてしまうのも無理はない。実際テストで点数が取れないのだから。

だから，**教師はよい授業をすることと同様に，「よい点数」を取らせること**に躍起にならなければならい。

## 3 単元テストの平均点100点を目指す

私は，45分あるうちの始業5分を「テストで点数を取らせるための時間」と考えている。

例えば，社会科では，はじめの5分間にフラッシュカードを行う。

プレゼンテーションソフトを使って，知識を子どもたちに定着させる時間だと考えるのだ。具体的には，次のように行う。

新しい単元がはじまる。

私は，市販の単元テストに目を通す。その問題を見ながら，フラッシュカードをつくる。

市販の単元テストで点数を取るために必要な，最低限の知識を覚えさせるためのスライドをつくるのだ。

例えば，「江戸時代浦賀に来たのは？」とスライド1枚目の上方に出る。その下には，ペリーの肖像がある。

そして，クリックすると赤字で「ペリー」と浮かび上がってくる。

次を押すと「日米和親条約によって終わったのは，日本の○○」と出る。もう1回クリックすると赤字で「鎖国」と浮かび上がる。

第2章 「むずかしい学級」効果10倍の教科指導

こうしたスライドを20枚ほどつくる。
そして，次のように進める。

---

教師　「先生の言ったとおりに復唱してください。社会科ポイントフラッシュ」
子ども「社会科ポイントフラッシュ」
教師　「浦賀に来たのは？」
子ども「浦賀に来たのは？」
教師　「ペリー」
子ども「ペリー」
教師　「日米和親条約によって終わったのは，日本のなに？」
子ども「日米和親条約によって終わったのは，日本のなに？」
教師　「鎖国」
子ども「鎖国」
……

---

　このようにただ復唱させる。ただしただの復唱であるので，ダラダラと読み上げていては，飽きてしまう。
　「むずかしい学級」の子どもたちは，とにかく飽きるのが速い。その飽きの速さよりも速く学習内容を子どもたちの脳に到達させるイメージで行う。
　そのテンポのよさとスピードによって，授業はじめの5分間を，緊張感があり，推進力のある時間とすることができる。

101

しかし，これもまた2時間ほどすると飽きてしまう。

そこで，書く活動を入れる。

4時間目になったら，1題ずつ答えを書かせる。書かせるのは，ノートでもいいし，個人用の小さなホワイトボードでもいい。

教師が，「浦賀に来たのは？」と尋ね，子どもたちは手元で「ペリー」と書く。

ホワイトボードを使用しているのなら，「せーの，ドン！」と言って，頭上に挙げさせ，正解かどうかを確認する。

ノートなら，「答えは，ペリー」と言った後に，隣同士確認させ，丸つけをさせる。

フラッシュカードよりも，テンポもスピードも落ちるが，子どもたちにとって「できる問題」なので，意欲は落ちない。

これも，1時間しか行わない。

次の時間は，一人一人に答えさせるようにする。

教師が，「浦賀にきたのは？」と尋ね，子どもAに「ペリー」と答えさせる。

次に，教師は「日米和親条約によって終わったのは，日本のなに？」と尋ね，立ち上がった子どもBが「鎖国」と答える。

これを，座席順にさせる。次時には，子どもBを1番に立たせて順に答えさせる。

つまり，前時とは違う問題があてられるというわけである。このように，1単元中の始業5分程度だけ，テストで点数を取るための練習が繰り返される。

さらに，単元テストをする数日前には授業中に繰り返し見てきた，スライドを印刷したものを配布する。そして，「今日の宿題は，社会のノートにこのプリントに書いてあることをまとめなおしてくることだよ」と指示する。

こうしたことをするだけで，学級の平均点は驚くほど上がる。平均点が90点を超えることは当たり前で，100点ということもある。

第2章 「むずかしい学級」効果10倍の教科指導

もちろん，それが社会科の社会的思考力を培っているかと言われれば，そうではない。しかし，確かなことは，以上のように指導すれば，市販の単元テストの平均点が，驚くほど上がるということである。そして，子どもたちは社会科が好きになる。また，「社会科が面白い」とも言う。

立派な社会科教育をしているつもりは毛頭ないが，こうした授業は少なくとも社会科を嫌いにはしていないだろう。また，間違いなく社会科で今後も必要な知識を定着させることにも，役立っていると言っていいだろう。

また，子どもたちに，「満点が取れた人は，返却されたテストの空いているところに，『なぜ100点が取れたか』，その理由を書いておこう」と指示することがある。

それらを見ると，「毎時間，繰り返し覚えたから」「家できちんと復習したから」と書いてくる。子どもたちは，自分が努力したからテストの点数がよかったのだと感じ，努力をすることを快いことだと感じている。

「むずかしい学級」の子どもたちは，学習に向かいにくく，たしかに学習が成立しにくい状況であることも確かだ。しかし，**彼らは決して自分の学力に無関心ではないのだ。むしろ，強すぎるくらいに自分の学力を意識している。だからこそ，学習してもできない自分に失望してしまうのだ。**

彼らはこれ以上学習に関して，自分に失望したくないので無関心を装っているだけだ。

彼らに学習に対して努力する喜びと，達成感をもたせることができれば，むしろ彼らの学習に向かう姿勢は，大きく変化する。

【参考】
ちょんせいこ（2015）『ちょんせいこのホワイトボード・ミーティング クラスが落ち着く!! 低学年にも効果抜群』小学館

# 4 つながって学ばせる

## 1 まず伝え方，関わり方を教える

　繰り返しになるが，「むずかしい学級」の子どもたち同士の関係は不良である。

　小さなグループがあることは集団である以上，当然のこととして，それらの小さなグループが互いに無関心であったり，場合によってはいがみ合っていたりする。

　こうした状況も，学習によって身についたものであると考えるべきだ。

　小さなグループがいがみ合う原因，あるいは契機となった状況を想像してみるとよい。

　おそらく次のような状況であったはずだ。

　まず，小さなトラブルが二人の間で起きる。

　一人ずつが弱いので，お互いが直接向き合って，話し合い，解決することができない。

　そこで，周囲に不満を打ち明ける。

　周囲も弱いので，その不満を打ち明けた子どもとの関係を壊したくないという理由で，無条件で受け入れてしまう。

　つまり，「悪いのは，向こう」と事実を正確に把握しているわけではないのに，きめつけてしまうというわけだ。

　周辺の子ども同士は，もともとそれほどいがみ合っているわけではなかったのだが，こうして「〇〇の味方」という空虚なつながりが，小さなグループを固定する。

　そうした小さなグループ間の問題が表面化すれば，教師は対応することになる。

第2章 「むずかしい学級」効果10倍の教科指導

　もちろん，まずは目の前にある緊急の問題を解決することが大切だからだ。

　しかし，実際のところこうした場合の指導は，対症療法であり，また問題を繰り返すことが多い。

　「この問題」が解決しても，「次の問題」で学んだことを転用して行動することは，子どもたちにとってむずかしいことだからだ。

　適切な人との関わり方を知らない子どもたちは，また同様のことを繰り返す。

　「むずかしい学級」は，学年末まで同じような問題を繰り返していく。

　そうした状況を根本から変えるのは，地道ではあるが人との関わり方を一つ一つ教えていく指導だ。

　それは休み時間や放課後の時間ではなく，授業時間に行うべきだ。なぜなら，計画的に人との関わりを教えるには，連続してまとまった時間が必要だからだ。

　合わせて，先述のような「小さなグループがいがみ合う原因，あるいは契機」を考えれば，その抜け出し方もある程度想像がつく。

　直接，本人と関われないことで，問題状況が生み出されているのだとしたら，むずかしい状況になっても，直接本人と関われるようなコミュニケーションスキルを指導すればよいということになる。

　**重要なのは，相手へのものの伝え方や関わり方を知らせるということだ。これこそが指導の第一歩だ。**

　また，そうしたコミュニケーションスキルを教える機会を増やせば，スキルが身につくと同時に，子どもたちがなにかを伝え合う機会が自ずと増えてくる。

　その機会の増加が，子どもたちの親和性を高めることにもなる。

　つまり，スキルの向上と，機会の増加によって，子どもたちの親和性は高められるのだ。

## 2 抵抗感の少ない活動から指導する

　では，どんなことから指導をはじめればよいのだろう。まずは，言いやす

105

いことを言い合うところからはじめる。

「むずかしい学級」の子どもたちは，互いへの信頼を喪失している。そうした子どもたちにいきなりハードな内容，むずかしい表現を望むことは，決定的に関係を崩してしまうことになる。

ハードルをうんと下げたところからはじめる。

例えば，次のようなことをする。

---

① 隣同士でじゃんけんをする
② 負けたら，相手に「強いねえ」と言う
③ 言われたら「ありがとう！」と言う

---

これだけの簡単なことである。

これを3回やるように言う。

先に，やり方を教師が見せておく。教室の前方に座っている子ども一人と，この簡単なゲームをやって見せる。

相手の子のテンションが低くても，教師は全力でじゃんけんをする。この3回のじゃんけんはハイスピードである。ハイスピードですることによって，楽しさが増すと同時に，恥ずかしさや抵抗感が薄まる。

「全員起立！」と言って，「よーい，スタート！」と合図する。

終えると同時に，「このゲームを，とても楽しんでいる人がいました」と言って，テンションの高い男子を取り上げる。

やんちゃな子を取り上げるのがいいだろう。

やって見せてもらい，「なんでも楽しむって，とっても大切！　拍手しましょう」と言って，みんなで拍手する。

すぐさま，「『第二回世界じゃんけん選手権』予選を行います」と言って起立させる。

そして，さらに雰囲気のよいペアを取り上げる。

「強いねえ」の言い方がよい子，「ありがとう」と心を込めて言っている子

106

第2章 「むずかしい学級」効果10倍の教科指導

どもたちを取り上げる。

これだけで終わってはただ遊んでいるだけなので，このシステムを教科指導に取り込んでいく。

「今度は，同じようにじゃんけんをして負けたら，かけ算九九の『七の段』を言います。言い終わったら，勝った方の人が『すごい，速く言えるね』。負けた方が『ありがとう』と言います。これを3回繰り返します。今度はスピード競争です。終わったら座って「フィニッシュ！」と言いましょう」

全員が終わったところで，速く座れたところを取り上げる。

「一番に座ったこのペアに，もう一度やってもらうから，なぜ，このペアが一番になれたのか，その秘密を発見してください」

こう指示して，もう一度やってもらう。

「どうだった？」と尋ねると，「じゃんけんをはじめるのが速い」「九九がスラスラ言えている」「真剣」「ほめ言葉も速い」というような意見が出る。

このように，コツを確認した上で，もう一度実施する。

今度は，終わったら次のように投げかけてみる。

「ためしにね，今度は九九を言っても，『ほめない』，『ありがとう』も言わないで，やってみよう」

おかしな静けさが教室に漂い，盛り上がらない。

すかさず「さっきと比べて，どうだった？」と尋ねる。

「なんか変」「テンポが悪い」「間が空く」「楽しくない」と子どもたちは答える。

教師も，「そうだね」と答え，さらに「なにかしたら，やっぱりリアクションが欲しいし，リアクションして『ありがとう』って言われると，ほめた方もうれしいよね」と語る。

「『ありがとう』，大事だね」と子どもたちが言う。

こうした一連の流れによって，関わり方に関する小さなスキルを見えるように抽出して，適切な関わり方を教示し，そのスキルが大切だという実感をもたせるわけである。

107

「説明する」→「やってみせる」→「やらせてみる」→「スキルの抽出」→「もう一度やらせてみる」→「ほめる」→「スキルを使わないでやらせてみる」→「スキルの大切さを実感する」という指導の流れをつくると効果的である。

以上を読むと「なんだ，じゃんけんをさせればいいのか」「そんなことやってなにになるんだ」という人もいるかもしれない。

しかし，「むずかしい学級」では，「こんなところからか」という低い地点から指導をしなければ，集団が保てないのだ。一回の失敗が，クラスにとって命取りになるからだ。

また，ずっとこうしたじゃんけんゲームをしているわけではない。

この後は，ペア音読やペアでの漢字学習などにも発展していく。また，ペアからグループにもなっていく。さらに，グループから学級全体の活動にも発展していく。

## 3 教科指導に応用する―音読指導を例にして

例えば，音読なら次のように指導していく。

「これから，３行だけ教科書を読みます。先生の後について読みましょう」

（句読点までを読む。子ども復唱）

「○○さんの声，はりがあります。腹筋に力を入れている証拠」

（次の句読点までを読む。子ども復唱）

「□□さん，素晴らしい。両足が床にしっかりついている」

こうして自然に学習規律を定着させていく。

３行分，「連れ読み」を終えたら，「全員起立，一度読んだら座ってください」と指示する。

教科書のもち方，姿勢，口の開きをチェックする。ここでは，チェックすればいいだけで，指導するのは少し先にする。

その一方で，座っても練習していた子どもたちを記憶しておく。

全員が座ったのを確認して，すかさず「○○くん，□□さん，△△くん。

第2章 「むずかしい学級」効果10倍の教科指導

立ってください」と指示する。

「あなた方は，座っても読んでいる人たちです。時間を無駄にしませんでした。すばらしい。みんなで拍手してあげましょう！」

ただし，こうした子どもたちがあとで攻撃されるような学級である場合は，「座っても読んでいた人たちが，３人いました」というように取り上げる。

そして，次回も座っても読んでいる子どもたちを数えておき，「今回は15名に増えていました！　クラス全体が成長してきたね」のように取り上げる。

今度は「隣の人に聞かせてあげましょう」と指示する。

これも，子どもたちにすべてを任せず，最初は必ず指示を綿密にする。

---

①　向かい合う
②　じゃんけんをする
③　勝った方から読む
④　「いいところ」をほめる
⑤　ほめられたらお礼を言う

---

こう，板書しながら説明をする。それから「どうぞ」と合図する。

これも，子どもたちのいい関わり方についてほめる。良好な関わり方とは次のような点を含んでいる。

---

・正対する

・背筋を伸ばす

・目を合わせる

・勢いのあるじゃんけん（声を強く出す。手も素早く出す）

・はっきりとした音読をする

・コメントをするときは目を見て，あたたかい言葉でする

・「ありがとう」は笑顔で優しくする

・終わったら，すばやく体の向きを変える

---

109

以上の点を，順に取り上げ定着させていく。

さらに，「今度は，２人で同時に読みます」と言い，同時に声をそろえて読むことを課す。

「ただし……」と言って，次のような条件をつけ加える。

---

① 「せえの」などの声による合図はだめ（つまりアイコンタクトで合図）

② 声のトーンをそろえる（高低）

③ 個人の最大声量を出す（もちろん怒鳴らずに）

④ 「息継ぎ」をそろえる

---

これを板書しながら，実際にやって見せて，ルールを徹底する。

そして，２分のペア練習時間を取る。

これも，練習の様子を観察してよくできているところを，モデルとして発表させ，全体のレベルが引き上がるように配慮する。

その上で，次のような活動をさせる。

---

① ２人×２ペアで組ませる（ペアの片方をＡ，片方をＢチームとする）

② Ａチームが音読する

③ Ｂチームがほめる（「大きな声で迫力があった」）

④ Ａチームが言われたほめ言葉に対して，「ほめかえし」をする（「声を一生懸命出したので『声が大きい』って言われたのがうれしい」）

⑤ Ｂチームが音読し，③④と同様の活動をする

---

こうした活動をした後に，「声がそろってくると，どんな感じがした？」と子どもたちに尋ねてみる。

口々に「気持ちいい」「うれしい」と言う。

それを取り上げ，「人と声をそろえるって楽しいことだねえ」と共感する。

ここでも，やはり実感が大切なのだ。

110

第2章 「むずかしい学級」効果10倍の教科指導

　また，「どんなほめ言葉がうれしかったか」も，全体の場で数名に尋ねる。
　すると，「声がそろっているって，言われたのがうれしかった」などと答える。
　それに対し，「どうして言われるとうれしかったの？」とさらに尋ねる。
　「そろえるのに，すごく苦労したから」と答えるとする。
　そこで教師は，「よいほめ方っていうのは，『相手がほめてほしいところをほめる』ということなんだねえ」と価値づけを行う。
　こうして「よいほめ方」についてメタ認知できるように，子どもたちに伝える。すると，違う場面でも活用しやすくなる。
　こうした2対2の活動が成立してきたら，今度は4人1組にする。
　「2人ならできた。でも，4人ならどうかな？　ピタッとそろえて音読できるかな？」
　ここまでくると子どもたちは，ノリにノってくる。
　「できる」「やってみたい」と言いはじめる。
　「では，4人でやってみよう」と呼びかける。
　「むずかしい学級」でもここまでくると，「やったあ！」と声を上げることがある。
　班で練習をした後，4人班×2組で活動を行う。先ほどと同様に，「発表」→「ほめる」→「ほめかえす」という活動を行う。先ほど，ほめ方のコツを教えたことがここで生きてくる。ただし，同じことをしていても，子どもは成長しないので新しいルールを組み込んでいく。
　「相手をほめるとき，4人のメンバーは同じことをほめてはいけない」
　このルールを導入すると，子どもたちには，また違った状況があらわれてくることになる。
　人と違うことをコメントすることに自信がない，発表の苦手な子が先に発表しようとする。逆に，発表することに自信のある子は，班のメンバーに「先に言っていいよ」と「男気」のある態度を取る。こうした様子を，教師はその都度取り上げ，ほめてあげるようにする。

111

# 細切れに指導する
## ―漢字テストを例にして

　「むずかしい学級」であってもなくても，記憶に困難を抱える子どもがいる。そうした子どもは，ふつうの学級であれば「ちょっと勉強が苦手な子」ということでそれなりに適応していることが多い。
　しかし，「むずかしい学級」では，周囲の子も落ち着かない状況にあるので，そうした学習への困難さが不適切な行動としてあらわれることが多い。
　具体的には，立ち歩きや私語，教室からの飛び出し，教師への暴言としてあらわれる。
　もちろん，その子の取っている行動は正しくない。しかし，教師が「あの子はダメな子だなあ」と思っているうちは，永久に状況は改善しない。
　中には「そんなことはない」と考える教師もいるかもしれない。「その子が，きちんと授業を受けないのは，担任が甘いからだ」と。
　たしかに，「厳しい指導」をすれば，その子は座っているかもしれない。
　しかし，学習からスポイルされている状況は変わらない。その子は，座ってはいるが，学習しているかと言えば，まったくそうではないからだ。
　そして，今一度考えておくべきことは，教室における目標は，「座らせておくこと」なのか「学ばせること」なのかということだ。
　学習に困難を抱えている子どもが黙って座っていたとしても，「かたち」としては教室という場に適応しているかもしれないが，本来的な目標は達成されていないのだ。
　では，どうすればよいのかということである。私は，学習の課題を細切れに与えるということをしている。
　例えば，学期末になると「漢字50問テスト」を実施することがある。
　記憶に困難を抱える子どもたちは，こうしたテストが大の苦手である。
　そこで，次の手順で指導する。

第2章 「むずかしい学級」効果10倍の教科指導

① 「漢字50問テスト」を実施することを予告する（3週間ほど前）
② 問題と解答を配付する
③ 次の国語の時間に，問題①から問題⑩までの10題だけ，テスト練習をすることを伝える
④ 1回目のテスト練習を実施する
⑤ その場で回答を配付して，ペアで交換して丸つけをする
⑥ 満点の子→⑪番から⑳番を練習してくるように伝える
　 満点ではなかった人→今日間違った漢字だけを練習してくるように伝える
⑦ 2回目のテスト練習を行う。前時に満点だった子は，⑪番から⑳番をテストする。満点ではなかった子は，前時に間違った漢字のみをテストする。今回満点の場合は，次の10題に進む
⑧ 10問×5回分をクリアしたら，今度は50問分のテスト練習をする
⑨ 本番の「漢字50問テスト」を行う
⑩ テストを実施したら，教師が採点して返却する
⑪ 満点ではなかった子どもには，新しい問題用紙を渡して，間違った漢字だけをテストする。国語の時間の残り1，2分でテストを行う。1個でも正しく書けていればほめ，また次回は間違った漢字だけをテストする

　時々，「合格点90点」などとして，合格しなければ追試を行う。そして，その際には正解だった漢字も含めて毎回50問書かせるという教師がいるが，愚かな方法だと私は思う。子どもはどんどん勉強が嫌いになる。
　学校で育てるべきは，漢字をたくさん覚えている子どもではなく，漢字を進んで覚えようとし，学び続ける子どもである。

113

# 「できない子がいる」を デフォルトにする

あなたは,始業のあいさつをした後,どんな作業をどの手順で,指示しているだろうか。

私の場合,次のようにする。

---

① 「ノートを開きましょう」
② 「○○さん,□□さんは,はじめから開いていましたね。あと,3人です」
③ 「では,写しましょう」
④ 「○月□日 P.△」と板書する
⑤ ふり返って,全体を一度見る
⑥ 机間巡視する
⑦ 巡視しながら,数名に声をかけていく
⑧ 一巡して,教室の中央に戻ってきたら,「では,△ページを開いて」と指示する

---

このパターンが,全授業の9割くらいである。このパターンは,簡単に崩さない。何気ない,どうということもない,毎日どの教室でも繰り返されている場面のような気がする。

しかし,私は人の授業を見せてもらったとき,教科書を開かせてから,ノートに日付とページ数を書かせるという順序で指示している教師に出会うと違和感を覚える。

教科書を開くときに,小さく教室が混乱するからだ。何ページを開くのかがわからない子どもが出てくるのだ。

もちろん,小さなことであろうし,1か月もすれば子どもたちも慣れてく

第2章 「むずかしい学級」効果10倍の教科指導

る手順であるので，やがて混乱しなくはなるだろう。

　しかし，私がノートに日付，ページ数を書いてから，教科書を開くように指示するのには，意味がある。先に，私が黒板にページ数を書き，子どものノートにページ数を書かせておけば，たとえ作業が遅れてしまい，私の「△ページを開いて」という指示を聞き逃したとしても，あるいは記憶できなかったとしても問題はない。黒板やノートを見れば，子どもは何ページなのかがわかるのだから。

　これが，教科書を開くのが先だと，スムーズに学習にのれない子が出てくると私は考えているのだ。

　何度も言うが，小さなことだ。しかし，ここで強調したいのは，私が「遅れる子がいるかもしれない」「聞き取れない子がいるかもしれない」「聞いても記憶できない子がいるかもしれない」と思って，指導手順を考えているということだ。

　**つまり，できない子がいるかもしれないというのが，私のデフォルトなのだ。**

　だから，できない子が活動しやすいように配慮するし，できていたら「おお，書けているね。いいぞ」と自然に声をかけることができるのだ。

　小さいことと言えば，⑥の場面の机間巡視も同様の配慮からくる教師行動だ。「書きなさい」と指示しても，書けない子がいるかもしれないと私は思っている。だから，巡視するのだ。まわってくる私の体がスイッチになって書きはじめる子がいるかもしれない。「あ，先生だ。そうだ，書かなきゃいけなかったんだ」と。また，それでも書けない子には，微笑みながら肩をトントンする。そうすると書けるようになる。教科書の学習から，ドリルの学習に移るときも，「それでは△ページを開いて」と言った後に，黒板にページ数をやや大きく書く。

　小さなことだが「できない子がいる」をデフォルトにしているからできることである。

115

## 7 その子に合った方法を選択させる

　例えば，ノートに字をきれいに書けない子がいる。よく聞くと，保護者にも叱られるし，前の担任にも厳しく叱られていたようだ。
　まずは，尋ねてみる。
「字についてどう思っているの？」
「母さんとかは，『もっときれいに書け』とか，『ゆっくり書けば，うまく書ける』とか言うんだけど，そういうのとも違うんですよね」
「そうか，そうか。ちゃんと書こうと思ってもむずかしい感じか。〇〇くんは，どうなりたいの？」
「それは，うまく書きたいっすよ」
　こんなやりとりになる。そこで，「じゃあ，先生のアイディアに少しつき合ってもらってもいい？」と言う。子どもは，不思議な顔をしながら，「うん」とうなずく。
　そこで，算数に関しては，事前に私が授業研究用につくっている板書計画をコピーして渡す（子ども用のノートと同じ罫のもの）。これを，そっくり「そのまま写していいよ」と伝える。
　2，3回，試した後，感想を尋ねてみた。すると，「僕は，元々算数は得意で，計算は速いんだけど，これだと写すのに時間がかかって，算数が楽しくない」と答える。そこで，この方法をやめることにする。この子が得意で，自分は有能だと感じることのできる算数の時間が，この子にとって楽しくなくなることは最悪だからだ。それに，**算数の時間で肝心なことは，算数の力をつけることで，字をきれいに書くことではない。**
　しかし，字をきれいに書きたいという気持ちはあるので，次に，ノートを4種類用意する。「横罫のみで，その幅が太いもの」「マス方眼で十字リーダー」「マス方眼で1ミリリーダー」「マス方眼で1ミリリーダー（リーダーの

第2章 「むずかしい学級」効果10倍の教科指導

色は薄い緑色）」これらを順番に与えていき，最後に「一番書きやすかった
のは？」と尋ねると，最後の「マス方眼で１ミリリーダー（リーダーの色は
薄い緑色）」がいいと言う。理由を聞くと，「緑が，目に優しい」と言うのだ。

　私は，書きやすさを考える上で罫の幅や，罫か方眼かばかりを考えていた。

　もちろん，それも彼にとっては重要だったが，実は色も重要な要素であっ
たのだ。彼は，そのノートを気に入り最後まで使っていた。急に美しい字が
書けるようになったわけではないが，マスに字が収まるようになったので，
本人も「僕，字，うまくなったよね？　先生」と言うようにまでなった。

　ここで，私は，字をきれいに書く指導について書きたいわけではない。こ
こで強調したいのは，**子どもが望んでいることに関して，その子に合った方
法を見つけるために，教師が様々な方法を提供して，子どもに選択させてあ
げることの重要性**だ。そうすることで，今まで「できない子」と言われてき
た子が有能さを発揮することがあるということだ。

　例えば，総合的な学習の時間に発表をさせる活動をする場合がある。私は，
次のようなフレームを使い，子どもたちに学習を進めさせることが多い。

---

① 　目的（なんのために発表するのか？）

・自分たちが調べたことを＿＿＿＿＿＿＿＿＿＿＿＿＿＿＿ため。

② 　使命（発表を聞いてくれた人たちを，どうしたいのか？）

・発表を聞いた後＿＿＿＿＿＿＿＿＿＿＿気持ちになっ
　て欲しい。

・発表を聞いた後＿＿＿＿＿＿＿＿＿＿＿＿＿のような
　行動を取って欲しい。

③ 　発表方法（上の「目的」と「使命」を達成するためには，どんな
　発表方法が，もっともふさわしいか？）

＿＿＿＿＿＿＿＿＿＿＿＿＿＿＿＿＿＿＿＿＿

---

【参考】鈴木敏恵（2003）『ポートフォリオでプロジェクト学習！』シリーズ，教育同人社

「むずかしい学級」では，自由度の高い学習を提示すると，「あれは，どうですか？」「これは，どうですか？」と質問が多く出される。それら一つ一つに教師が，「YES/NO」を出すと，子どもたちとのトラブルになることがある。

例えば，「○○さんたちには，『いい』って言ったのに，どうして私たちはダメなの？」というようなものだ。

一方で，教師が「ポスターにまとめてもらいます」などと，一つの方法だけを強く提示する場合もある。それはそれで問題の火種となる。

「プレゼンソフトは，どうしてだめなんですか？」「ペープサートは？」と，一つ一つ子どもから疑義が提出されるからだ。

そうなると，教師はたいして根拠もないのに「今回は，ポスターです！」と押しきったりする。教師の頭の隅には，「また，私が言ったことに反抗しようとしているな。ここは毅然と……」という筋違いな思いが湧いてきたりもする。

だから，上のようなフレームを与えて，子どもたちには自分たちの「目的」と「使命」に合った方法を，自分たちで選択させるようにする。

**子どもが，方法について相談してきたら，「それは，自分たちの『目的』と『使命』に合っているの？」と尋ねる。**

例えば，コンピュータソフトで発表するグループがあって，ほかのグループが「ずるい！」などと言えば，「あなたたちも『目的』と『使命』に合っているのなら，どうぞ」と言えばいいのだ。

# 第3章
# 「むずかしい学級」効果
# 10倍の生活指導

# 子どもの言葉を解釈する

## 1 「暴言」に対処する

　ある「むずかしい学級」の書写の時間にピンチヒッターで指導に入ることになった。
　「むずかしい学級」の書写指導は，はじめから困難が予想された。そこで，やることを明確にし，しかも子どもたちの多くが「納得できる字」が書けるようにと，手立てを用意して教室に向かった。
　手本の字を16分割した「手本」を渡し，書く前の半紙をはじめは16分割，その次は8分割……と折らせてから書かせた。
　さらに，1画1画，書き出しと書き終わりの位置を確認してから書かせた。
　一画書くたびに，子どもたちの吐息が漏れた。教室全体がぴんと張りつめた感じがしている。子どもたち一人一人がなんとか，いい字を書きたいと筆を進めている。
　二枚目を書かせている途中，後ろの方の席から，私に不意に言葉が投げかけられた。
　「こんな一画ずつ書いてたら，うまく書けないよ！　いつもみたいに，速く書かせてよ！」
　言ったその子の手元を見ると書きかけの作品があった。
　書いている途中でうまくいかず，私に向かって，先の言葉を投げつけたらしかった。
　教室の空気が凍りついた気がした。
　そして誰も顔を上げず，自分の字に集中して書いているふりをしている。
　しかし，全身を耳にして，教師がなんと応えるのかじっと待っている。
　「さあて，先生はなんと言うかな」と，若干試しているような意地悪な空

第3章 「むずかしい学級」効果10倍の生活指導

気も感じた。

　若いころの私なら，「もう一回言ってみろ」と静かに凄んだかもしれない。子どもに負けてはならないと考えたであろう。

　いやなによりも，「周囲の子どもたちへの示しがつかない」と考えたに違いない。

　ここで「負けて」しまっては，ほかの子どもまで私の言うことを聞かなくなってしまう。教師の権威を保たなければ。そう考えたに違いない。

　教師は，常に絶対的な存在として，子どもの前に立たなければならない。そう考えていた。

　しかし，私はこのときそうは考えず，「この子はどうしたいのか」と考えていた。

　「うまく書きたかった。でも，うまく書けなかった。だから，もっとうまく書きたい」

　こう，この子の思考を推察した。

　そして，私の口から出てきた言葉は，「そうかあ，もっとうまく書きたかったんだな」というものだった。

　それも，実に穏やかに言えた。

　その子は，筆をもち直して続きを書きはじめた。

　ぴんと張った周囲の空気は，一瞬で緩んだように思えた。

　数分後，彼は，私の前ににこにこしながら立っていた。両手には1枚ずつの作品がもたれていた。

　「先生，どっちがいいですかねえ。こっちがやっぱりいいですかねえ」

　悪びれず，私に尋ねてくる。

　「ええと，さっきの言い方を謝ってからだな」と言うと，その子はにやりと笑った。

　「むずかしい学級」の「むずかしい子」の言動は，そのまま受け取れば教師としての私たちを苛立たせるものが多い。

　しかし，**その言動を解釈，意訳することで教師は必要以上に子どもと衝突**

121

せずに済むこともある。

　そのためには，言動の底にある「思いを汲む」ことが求められるのだ。


　「むずかしい学級」の子どもたちは暴言を教師に吐くことが少なくない。

　「めんどー」「うざい」「やりたくない」などの言葉が，教室で飛び交う。

　例えば，次のような場面を思い浮かべていただこう。

　私が，「むずかしい学級」にサポートで入っていたときのことだ。

　座席順に教科書の文章一文ずつを，子どもたちは読んでいた。

　次々と子どもたちは読んでは座っていく。

　ある子どものところに，順番が回ってきた。その子は，なかなか立たない。

　教師が声をかける。

　「○○，どうした？」

　「……」

　「どうして読まないんだ？」

　「めんどー」

　「面倒じゃないだろ？　みんな読んでるんだから。ほら，立って」

　「うぜえ！」

　「なんだ，その言い方は!?」

　「いや，まじ，うぜえ」

　（後略）

　さて，みなさんはこのやり取りをどう読むだろうか。

　このような子どもがいる教室は，たいへんだろうなあ。「先生，お疲れ様です」と思うだろうか。

　この子は，たしかに「むずかしい子」だとは感じる。しかし，それでもなお，私はこの教師の接し方が好ましいものとは思えないのだ。

　例えば，この教師はこの子が音読しないのを，「怠けている」ととらえていないだろうか。

　この子の言動が，私には次のようにとらえられるのだ。

第3章 「むずかしい学級」効果10倍の生活指導

「めんどー」→「僕（私）は，音読が苦手です。おそらく読めない漢字があります。みんなの前で，恥をかきそうで嫌なのです。怖いのです」

子どもがこうした心情のときに，教師が「面倒じゃないだろ？　みんな読んでるんだから。ほら，立って」と無理にやらせようとするので，子どもは次のような心情になる。

「うぜえ！」→「先生，僕（私），本当に怖いんだよ。読みたくないんじゃなくて，読めないんだよ。もう，そんなに無理に読ませようとするのはやめてよ！」

おわかりいただけるだろうか，「むずかしい学級」の「むずかしい子」は，語彙が少ない。

自分の心情を表すに十分な語彙もなければ，それを駆使する力もその時点ではない場合が多い。

そうした子どもの状況と，教師の「ナメられちゃいけない」「言うことをきかせなければならない」という強迫観念が相まって，不幸な状況となるのだ。

子どもの言動を解釈する習慣が教師には必要なのだ。

## 2 「不適切な行為」に対処する

ある「むずかしい学級」で教科担任を任されているときがあった。

私は国語の担当だった。

初めての漢字小テストをやりはじめて，すぐに後ろの方の女子がカンニングしていることに気づいた。

かなり大胆だ。膝の上に漢字ドリルを開いておき，それを見ている。周囲の子も気づいているのだろうが，注意する子はいない。

その状況が，この「むずかしい学級」の病理そのものの気がした。

私は，休み時間にその子を呼び出した。

2人きりになれる空間で，私は静かに切り出した。

「さっきの小テストだけど，どうやってやったの？」

123

「ドリル見てやった」

「ああ，正直だなあ」

「うん」

「どうして，見てやったの？」

「だって，100点取りたいんだもん」

「そうかあ，100点取りたいんだ。やる気があるんだな」

「……」

「どうして，100点取りたいんだ？」

「だってさあ，ママにほめられるんだよ」

「そうかあ，ママにほめられたいんだね。ママにほめられたら，うれしいよな」

「うん！　お小遣いももらえるんだよ，100点取ったら」

「そうかあ。お母さんにほめられたいって気持ちわかるなあ。……じゃあさあ，先生，毎回100点あげるよ」

「??」

「いや，○○のやる気がいいと思うし，ほめられたい気持ちがわかるから」

「……（長い沈黙）……いや，いい」

「どうして？」

「なんか，意味がない気がしてきた」

「そうかあ？　……今日のはどうする？」

「1番だけ○にして，後は×」

「いいのか？　今日も100点でいいんだぞ」

「いや，いい」

「そうか，偉いなあ。じゃあ10点ね」

「うん」

「次のときはどうする？」

「ふつうにやる」

「そうかあ。何点取れそう？」

第3章 「むずかしい学級」効果10倍の生活指導

「30点はいけると思う」

「それはすごい。今日が10点なのに，次回は30点かあ」

「すごくないよ。悪いよ」

「ええ？　だって自分の力でやるんだよ。それが偉いじゃないか」

「本当はもっと取れるかも」

「じゃあ，期待してる。でも，がんばり過ぎちゃダメだぞ。ゆっくりでいいから」

「うん」

　この子は，次の小テストで30点。その後，50点，70点を取って，最後はとうとう100点を取った。

　その上，一度もカンニングはしなかった。

　もちろん，上記のような会話だけで，この子のそうした姿を引き出したとは言わない。

　励まし続けたし，一筆箋をもたせて，「ほめてあげてください」「今日は〇〇していましたよ」と母親にメッセージを送ったりもした。

　しかし，この子を伸ばすその第一歩を上のような会話でスタートできたのは，実によかった。

　もしも，真っ向から対峙してしまっていたら，この子は自発的に漢字の学習に取り組むことはなかっただろう。

　また，この子はその後も私に甘えることなく学習を行っていた。むしろ，私に甘えないようにと気をつかっているようでもあった。教室の中で，強面の女子リーダーとして君臨していたので，教師である私と仲良くもしてはいけないし，ほめられてもいけなかったのだろう。

　私がしたことは，**カンニングを正すということではなく，そこには言及せず，「ほめられたい」というその子の気持ちを受け止めるということだけで**あった。

　ここにも，子どもの言動に対する「解釈」がある。

　「カンニングをする」→「悪い」という判断ではなく，「カンニングをす

125

る」→「そうまでして,いい点数を取りたい」と解釈したわけである。

　私は,その解釈によって,子どもの思いを受け止めた。

　こうした「指導方法」を,不適切な行動(カンニング)への指導として,定式化することに意味はない。

　例えば,カンニングしている子どもには,頭から否定せず,まずは思いを受け止めて,「きみは,100点が取りたいんだね」などと受け止めなさいという話ではないのだ。

　そんなことをしても,指導がうまくいかないことはいくらでもあるだろう。

　まずは,その子どもをよく観察し,その子どもの目的がどこにあるのかを見極め,あなたとその子の関係性もふり返りながら,子どもの言動を解釈していただきたい。

　正しい指導の方法は,定式化されるものではなく,あくまでその関係性の中にあるのだから。

子どもの言動から,「思い」を解釈する

第3章 「むずかしい学級」効果10倍の生活指導

 **友人間のトラブルに対処する**

　高学年の「むずかしい学級」で，もっともむずかしいのは女子の間のトラブルへの対処だ。

　例えば，女子3人が担任のところにやってきて，小さなメモを見せる。行動をともにしているもう一人の女子から手渡されたという。そのメモを見ると，「めちゃうざい。もう友だちじゃないから」と書いてある。

　3人はずいぶん興奮していて，メモを渡した女子への様々な批判を担任にぶつけてくる。そこで，まずこの子たちの行動の目的を考えてみる。なぜ，担任のところにこのメモをもってきたのか。それは，決してメモを渡してきた子を悪者にするためではないだろう。「急に『友だちじゃないから』と言われた不安」「『何か悪いことしたのかな』という不安」「『もう一度，友だちに戻りたい』という願い」というような感情が，相手への批判となって溢れてくるのだろう。そう解釈すれば，対処法はそれほどむずかしくない。

　「メモをもらってびっくりしたでしょう」

　「ほんと，私たちなにもしてないよね？」

　「自分たちが悪くないのに，『どうして？』って不安なんだね？」

　「うん。時々，こうやってわかんないことするんだよね，〇〇って」

　「そうか，『なんかしたかな』って不安になるね」

　「ほんと，そう」

　「そうすると，どうなったらいい感じ？」

　「うーん，私たちは元通りがいいけど……」

　こうした感情を引き出せれば，後は「じゃあ，なにができるか一緒に考えよう」と提案できる。

　教師への直接的な不適切行動も，友人間のトラブルも対処の根本的な考え方は同様である。

　目に見え，耳に聞こえる言動から，子どもたちの心の底にある「思い」を解釈し，それに寄り添って一緒に解決してあげるということである。

## 2 向き合わないで指導する

　私の手元にレポートがある。ある学級の様子を伝えるレポートだ。
　その方の許可を得て，取り上げることにする。差し障りのあるところは加工してある。レポートを書いた方は担任ではない方である。

　「ある学級」から声がかかる。正確には，「ある学級」の隣の学級の担任からだ。
　「隣がたいへんです」と言うので，行ってみると騒乱状態である。
　立ち歩き，好き勝手に好きな場所でおしゃべりをしている。
　机上を見ると算数の時間のようだ。板書も少しだけされている。後ろの方で女子がサッカーボールを蹴っている。
　担任教師は，黒板前で「ほら，聞いて！」「座りなさい！」と大きな声で繰り返している。
　さらに，サッカーボールを蹴っている子どもに対して，「算数の時間でしょう！」「なにをしているの！」と声をかけている。
　声をかけられるたびに，その子どもたちは「はあ？」「うぜえし」と応じている。
　男性教師の「強み」を生かして，一喝しようか。いや，もしもここで担任同様に注意してしまっては，子どもたちとまったくコミュニケートできなくなると感じた。
　迷ったが，それをしてしまったら，ますます担任の立場はなくなるとも考えた。
　そこで，騒乱の中心人物であるらしいサッカーボールを蹴っている女子に，「ちょっとおいで」と声をかけてみる。
　「なにさ？」と応じる。「うざいんだよ」と言いつつも，腰を上げる。

廊下に出てすぐに「なに？」と尋ねてくる。

実のところ，親しくない教師に呼び出されるという状況が，不安でたまらないのだということがわかる。

そこで，「きてくれて，ありがとう」と答える。

すると，少し驚いたように「なに？」と再び尋ねてくる。

それには，直接答えずに，「あのさ，今日帰ったら誰と遊ぶんだ？」と尋ねる。

不意をつかれたのだろう，「ええと，○○とかなあ？」とあっさり答える。

「そうなんだ。○○と，よく遊ぶのか？」

「うん」

「そうかあ。○○のこと好きなんだな」

「好きでもないけど，小さいときから，一緒だから」

「幼稚園？」

「うん，□□幼稚園」

だんだんと目じりが下がってくるのがわかる。

「そっかあ。なにして遊ぶことが多いんだ？」

「公園行って，ゲームやる」

「ずっとゲームしてるの？」

「いや，1年生と遊んだり」

「ちっちゃい子，好きなんだ？」

「うん，かわいいから」

「そうかあ，じゃあ保育士になればいいのに」

「いや，頭悪いし」

「頭はいい方がいいかもしれないけど，子どもが好きなことは，それより大事だよ」

「そうかなあ……」

「そうさ。それで，今何の時間だっけ？」

「算数」

129

「そうかあ，問題はやり終わったの？」

「うん。なのに次の問題やれって。終わったら自習でいいって言ったのに」

「そうなんだあ。それで，教室に戻ったらなにする？」

「本読んで，自習する」

「いいねえ。そうしよう」

　こうして，教室に戻ったのだが，戻った瞬間に事件が起きた。自習をはじめようとしたこの子に，担任は，「授業中にサッカーなんて，おかしいから！」と言ってしまったのだ。再びこの子は声を荒げ暴言を吐いて，サッカーボールを蹴りはじめた。


　このレポートは，荒れた学級の末期的な状況を克明に報告していると思う。

　こうなってしまっては，担任教師だけでの立て直しはとてもむずかしいに違いない。

　それにしても，このサポートに入った先生の対処は示唆に富んでいる。

　教師と敵対状況になっている子どもに対して，対峙していない。虚を突き，そして話を聞き出し，子どもに語らせている。その上，短い時間の中で，子どものいい所にも目を向け，子どものよさを子ども自身に意識させている。子どもの未来についても言及して未来を見つめさせている。

　さらに，その上で教室に戻ったらどうするかを，子どもに選択させている。

　子どもも心が静まったので，適切な行動を選択しようとしている。

　もちろん，子どもの不適切な行動は教師としては許せるものではない。しかし，だからといって，こうした状況において，「その行為は許されないことです」などと言っても，状況は改善しないのだ。

　もしも，子どもと対立しようものなら，もっと決定的な断裂状態になるに違いない。教師の善意は尊い。しかし，善意は伝え方を間違えると状況を悪くする。荒れた学級における指導のむずかしい点だ。そこでは，**不適切な行動に対しては「向き合わない」という向き合い方の指導もある。**

　「向き合わない」という指導が必要な場面もあると書いた。これは，担任

第3章 「むずかしい学級」効果10倍の生活指導

以外の教師が「むずかしい学級」をサポートする際の一手法として有効である。

例えば，教室から飛び出す子や教室で立ち歩いてしまう子どもがいるとしよう。

もちろん，彼らの行動は学校という場では「不適切」ということになる。しかし，その行動をはじめから，ただ否定するだけの指導は，長期的に見てよい方法とは言えない。

教室を飛び出した子どもを捕まえて，厳しく指導して，教室に戻したとしても，その行動の原因となる事柄については，なにも解決されていないからである。もしも，話を聞かずに行動だけを咎め教室に戻してしまったとしたら，子どもは，その行動を繰り返すしかなくなってしまう。または，さらに過激な行動を選択するするかもしれない。

一方で，子どもなりの不満や原因が解決されれば，子どもは適切な行動を選択するようになる。なぜなら，廊下に飛び出す理由がなくなるからだ。

そこで，「廊下を飛び出す」などの行動に対しては，まず「どうした？」と声をかけ，話を聞いてあげることが大切なのである。

その後は，逆に教室にいられたときなど，望ましい態度で学習に参加できたときに，「どうして今日はうまくできたの？」と尋ね，そうした行動を強化していくとよい。

一方で，他学級の担任や担任外の教師たちが，休み時間などに「不適切な行動」をしてしまう子どもに，みんなで声をかけるという方法が功を奏することがある。これも，「不適切な行動」そのものには直接向き合わない方法である。みんなで声をかけ，注目されていることを子ども本人に意識させる。そこで話を聞いてあげることで，「不適切な行動」の要因を事前に取り除いていく。

これも，「不適切な行動」には直接向き合わずに，その子の内面に向き合うという指導の方法である。

131

## 3 がんばろうとしていることを認める
### ―思い通りにいかないとパニックになる子

　私のクラスに，自分の思い通りにいかないことがあると，パニックになる子がいた。その子は，ほかの子どもに注意されたり，解いた問題が間違っていたりすると，小さい声で暴言を吐いていたりした。

　暴言を吐いているうちは，私はそれに構わないようにしていた。

　そして，暴言がなくなり，少し表情が穏やかになったところで，「よく自分の感情をコントロールしようとがんばっていたね」と，穏やかに，そして周囲にも聞こえるくらいの声で話すようにした。これを言うと，その子はさらにほっとしたような表情になり，学習にスムーズに戻ってくることができた。学習に取り組みはじめるとすぐに，「その調子」と小さく声をかけることで，そうした「立ち直り」行動を強化するようにもした。

　休み時間にその子を呼んで，尋ねてみた。

　「さっきはよくがんばったね。ところで，さっきみたいに，〇〇さんが自分の感情と闘っているときって，先生や周りの友だちはどうしていれば，一番いいのかな？」

　「あのう，もしよかったら，そっとしておいてもらえれば，たぶん立ち直れると思うんですよね」

　「そうか，そうか。みんなも心配するから，それ伝えた方がいいと思うんだけど，先生からみんなにも伝えていいかな？」

　「いえ，自分で伝えてもいいですか？」

　「ああ，それは一番いいね！」

　次の時間に，その子は「あのう，お願いがあるんですけど……」と話を切り出した。

　「私，ダメなことだとは思うんですけど，思い通りにいかないことがあったり，途中で誰かに注意されると，怒っちゃうんですよ」

## 第3章 「むずかしい学級」効果10倍の生活指導

　聞いている子どもたちは，ここまで聞いて，ニコニコしはじめた。「そうだよね。知ってるよ」という感じだ。
　「それで，もしもそうなったら，そっとしておいてもらえると，ありがたいんですよね。怒っているときに，声をかけられると，そのことにまた腹を立てちゃいそうなんです。それは，よくないことなんですが……」
　子どもたちは，「いいよ」「大丈夫」と口々に反応した。
　このことがあってからは，周囲も刺激しないように気をつけたので，その子も，よりいっそう早く学習に戻ってこられるようになった。
　互いのことをほめ合う，「コンプリメントタイム」では，隣の子が「あんなこと自分で言えるのってすごいよね」と伝えてくれていて，実に嬉しそうに「そうでもありません」と，その子は応えていた。
　また，このことによって安心したのは本人だけではなく，周囲の子もまたとても安心したようであった。おそらく戸惑っていたのは，その子がパニックを起こすことではなく，その子がパニックしたときにどう対応したらよいかがわからないことだったはずだ。しかし，本人から「そっとしておいて欲しい」と言われたので，対応がはっきりとした。それが，よかったのだ。

# 困り感に寄り添う
## ―うそをつく子

　うそをつく子の指導は，まずは「うそをついた」という事実を認めさせることからはじまる。
　だから，これはうそだという動かぬ証拠を見つけるところから，アプローチははじまる。
　しかし，ここで間違ってはいけないのは，うそだという確証をつかんだからと言って，そのことを責めたり，叱って，うそをつかないように約束したりしてはいけないということだ。
　では，実際の指導を再現する。
　まず，にこやかに「うそついちゃったのかな？」「ちょっと，うそついちゃった？」と，なんとか自分で認められるように促す。
　それで，もしも子どもが認めたら，「そうかあ，ありがとう。本当のことを教えてくれて。大人でも，一回ついたうそを認めることはむずかしいことなんだよ」と言う。
　少し間をおいて，「先生，少し聞きたいことがあるんだけど，いいかな？」と断った上で，「うそついた後って，どんな感じの気持ちになるの？」と尋ねる。
　「心配です」と子ども。
　「心配なの？」
　「はい，ばれるかもとか。また，うそついちゃったとか」
　「ああ，すごく後悔しているんだね？」
　「はい」
　「じゃあ，できればうそつきたくない感じ？」
　「はい」
　「そうかあ。うそつきたくないのに，うそついちゃうんだから，めっちゃ，

第3章 「むずかしい学級」効果10倍の生活指導

つらいし，悲しいでしょう」

「……」

「うそつくときって，よく考えてうそついている感じ？　それとも，無意識に，ぱっとついちゃう感じ？」

「その場で，瞬間です」

「そうかあ，じゃあ止められないんだね，きっと」

「はい」

「そうか，じゃあ，先生さ，『3回ルール』っていうのを○○さんに使うね」

「？？」

「あのね，○○さんが言ったことで，先生が『うそかもなあ』って思ったら，3回『それって本当？』って聞くの。それで，3回目までに『うそです』って言えれば，うそついたことにしないっていうルール。どうかな？」

その子は，うなずく。

「ところで，みんなが，○○さんがうそついたって，困っているみたいなんだけど，どうしようか？」

「あやまります」

「うん，そっか。それがいいかもね。それと，『3回ルール』のこともみんなに言ってもいいかな？」

「はい」

これが実際の指導であった。このあと，ほかの子には「とっさにうそをついちゃうので，急に直せない」「うそをつきたくはない」「ついた後は悩んでいる」ということ，合わせて「おかしいな」と思ったら「本当？」って聞いてあげて欲しいということを伝えた。

このことを，話している途中で，ある子が「私と同じだ。私も，今まで何百回もうそついてきた」と言ったので，みんなで大笑いした。

私も，「先生も」と言ったら，子どもたちは「大人なのに」と言って，また笑った。

135

# 5 できるふりをしないことをほめる
## ―学習が苦手な子

　ある子が，朝，真っ白な宿題プリントをもってやってきた。
「先生，まったくわかりません。教えてください」と言うのだ。
　解答は事前に配られている。
「あ，よく答えを写さなかったなあ。偉いぞ！　どうして写さなかったの？」
「だって，わかんないのに，写しても意味ないから」
「そうだよなあ。すごく正しいと思うよ。今までは，どうしていたの？」
　にやっと笑いながら，「前までは，答え，写していた」と答える。
「ははは，そうか。正直でいいなあ」
　朝の5分間では，かけ算九九がわからないその子に，（小数）÷（小数）の問題を一題しか教えることができなかった。
　それでも，「これ提出しておくんだよ」と伝える。
「ほかの問題は，いいの？」と不安そうに尋ねる。
「今の一題で10題分くらいがんばったよね？」
「うん」
「じゃあ，そのまま出しておいて。そして，今日の宿題も，わからない問題があったら，写したりしないで，先生に聞きにおいで。わかっているふり，できているふりはしなくてもいいからね。**恥ずかしいのは，問題ができないことじゃなくて，わからない問題があるときに，そのままにしておくことだよ**。毎日確実に一つでも，二つでも一緒にやろうね」と伝える。
　子どもは，嬉しそうにうなずいて，宿題提出籠にプリントをおいた。
　それから，毎日，その子は白紙のプリントをもって，私のところに質問にきた。私は，その都度ほめた。わからないことを，わからないと言えることをほめ，毎日質問しにくることをほめたのだ。

第3章 「むずかしい学級」効果10倍の生活指導

そのままの自分の姿を隠さずに，努力し続けることにプラスのフィードバックを与え続けたのだ。

そして，すぐにその子の算数の力がわかったので，「かけ算九九のプリントもあるよ」と言ったが，それを彼はよしとしなかった。

「わり算ができないと，今やっている教科書の勉強ができないから，わり算を教えて欲しい」というのだ。

私は，「じゃあ，わり算のプリントやりながら，かけ算九九も覚えようね」と言ってそれを受け入れた。

もちろん，それでは家庭学習の習慣をつけることになっていないのではないかという指摘もあろう。家庭学習は家でするものだろう，と。

しかし，家庭学習をするのはなんのためだろうか。当然，学力をつけるためだ。家庭学習の習慣をつけるという名のもとに，子どもにただ解答を写させるのと，たとえ一題でもよいから，学校で教師と一緒に解くのとどちらがその子の学力を伸ばすだろうか。

さて，そうしたやりとりがあって，その子はとにかく質問するようになった。

授業中でも，わからなくなるとすぐに私に質問するようになった。私の手が回らないときは，隣の子にすぐに聞くようになった。

あるときは，「先生，席替えのときは，隣の女子を頭のよい女子にしてください」と訴えにきた。「どうして？」と尋ねると，その子は「勉強，わからないとき，すぐに聞けるから」と答えた。

「すごくやる気があるね！」と言うと，ニコニコしていた。

ミニテストのときも同様で，テスト中なのにわかるまで私に質問し続けた。いちいち私を呼ぶのがめんどうになったのか，教卓のところに筆記用具とテスト用紙をもってきて，質問しては問題を解くようになった。そして，テストが90点でも悔しがるようになった。

大切なことは，そのままのその子の姿や，できるふりをしないことを認めてあげることだ。

137

# 6 自分たちで解決方法を考えさせる
## ―けんかが絶えない子

　毎日休み時間になると，けんかをしてしまうという2人がいた。
　そして，周囲の子どもたちも，心配して「先生，今日も○○と□□が，けんかしてる。サッカーしている最中からけんかをはじめて，玄関を入ってからもずっと，言い合いなんですよねえ」と報告してくる。
　「どんなふうに感じているの？」と尋ねると，「僕たちは，別に巻き込まれるわけじゃないからいいんですけど，まあそれでサッカーが中断したり，あとはやっぱり周りにいると，雰囲気悪くなったりするんで……」と答えてくれた。
　そこで，2人を呼んで，「なんか，けっこう激しくやっているんだって？」と尋ねる。
　「はい」と2人。
　「仲直りするときは，どんな感じ？」
　「どっちかからあやまるときもあるし，遊んでいるうちにふつうに戻っていることもあります」
　「じゃあ，仲直りできないっていうことはないのね？」
　「はい，でも，けんかしちゃうから，もう遊ばないようにしようとしたこともあるんですけど。それも無理で……」
　「そうなんだ」
　「じゃあ，2人はやっぱり，遊びたいんだね？」
　「はい」
　「そっかあ。それはいいことだね。ただね，周りの人に，かなり心配と迷惑をかけているみたいだよ。自分たちで，なんとかなりそうかな？」
　「2人で，話してもいいですか」と言うので，「いいよ」と応じた。
　5分ほどして2人は戻ってきて，「みなさん，聞いてもらっていいですか」

第3章 「むずかしい学級」効果10倍の生活指導

と言うので，ほかの子どもたちが2人に注目した。

「えっと，僕たちがけんかしていたら，ちっちゃいけんかだったら，自分たちで仲直りできるんで，そのままでいいです。でも，あんまり激しいけんかになっていたら止めてもらってもいいですか」と2人のうち，1人が話した。

聞いている子どもたちは，「いいよ」「気にしないで」と口々に応じた。


後日談がある。すぐ次の日のことだ。2人のうちの1人が，私に「先生，今日，けんかしなかったよ」と言うのだ。

私は，「そうなんだ。それはよかったけど。まあ，無理しないで，時々けんかしたっていいんだから」と答えた。

ところが，次の日も，その次の日もけんかをしなかったというのだ。それが，2週間ほど続いた。

そこで，私は不思議に思って，2人を呼んで話を聞いてみた。

「けんかしないのが続いているんだって？」

「はい」と2人。

「なにがよかったの？」

「それが，わからないんですよ。今日も，○○が嫌なこと言ったはずなんだけど，けんかにならなかったし」「うん，なんか楽しかったね，今日は」

こんな感じで2人は話した。

そこで，「自分たちで気をつけているの？」と尋ねると，「まあ自分たちで，解決しようと思って話したし，みんなにも言っちゃったんで，みんなも見ているし。みんなも嫌な気持ちだったってことが，わかったし」

ポイントは二つあるようだった。

一つは，自分たちで話し合ったということだった。お互いに冷静に話してみると，けんかはしたくないということが確認できたようだった。

もう一つは，周囲の存在だった。周囲の人たちが自分たちの解決策を受け入れ，協力を約束してくれたことが大きかったということだろう。

139

# 7 目から自分たちの姿を入れる

「むずかしい学級」にありがちなのは、教師はほめているつもりなのだが、子どもたちはほめられている気になっていないという場合だ。

これは、様々に起きる問題に教師が対応しなければならないため、教師に余裕がなくなり、笑顔が少なくなることが起因している場合が多い。

「いいねえ」と言っても、顔が怖いのだ。顔が怖いまま、言葉でほめられても、子どもたちには伝わらないことが多い。そして、「むずかしい学級」の子どもたちは、教師の表情にとても敏感だ。また、「むずかしい学級」の子どもたちは、大人を信用していない場合が多いので、そうしたほめ方をした場合、「また、おだてようとして」と思っている場合も多い。

なかなか言葉だけでは通じないのだ。

そこで、子どもたちの成果を目に見える形で提示するように心がける。

下の写真は、クラスでできたことを短冊に書き、掲示するという方法だ。

短冊が増えていくたびに、自分たちの学級がよくなっていくことが、量的にも示される。これは、とてもわかりやすい。

また、指導したことに対して、効果が出た場合はすぐにそれを掲示して、フィードバックするようにする。

例えば、絵画や毛筆の指導後には、その成果があった場合はすぐに掲示する。ただし、子どもたちが自分たちの成果に満足していないという場合は、作品は掲示しなくてもよい。

こうした掲示物は、数日貼られることが多く、その掲示物を見る度に、子どもは小さく傷ついている。だから、うまくいかなかったら、思いきって掲示しない。**誇りがもてない作品は、いたずらの温床にもなる。**

靴がしっかりとそろっている下駄箱、子どもたちが話し手を見て、話を聞いている全校朝会の様子……こうしたもの一つ一つが、有効な教具になるのだ。

単元テストの成果も平均点がよい場合は、掲示して自分たちの努力に誇りをもてるようにする。

提出物なども、出していない人ではなく、出した人の名前を掲示するようにする。あくまで、**自分たちの行いに誇りをもてるように、掲示をするのだ**ということを肝に命じる。ネガティブなメッセージは、ただ子どもたちを傷つけるだけだ。

# ほめることは危険を伴う

「むずかしい学級」では、ほめることがむずかしい。

ほめるところがないから、ほめるのがむずかしいのではない。

ほめるところを教師が見つけたとしても、ほめることがむずかしいのだ。

よいところを見つけても、すぐにほめてはいけない。まず、その子の立場を頭に思い浮かべる。

意欲が比較的高い女子。周囲の空気も読める子だ。そんな子を、みんなの前でほめたらどうなるだろう。その子は、教師からほめられたことを陰で非難されないかとおびえるはずだ。たとえ、その子がクラスの中で確たる立場にあっても、表情はこわばるだろうし、「どうして、そんなことを言うのだ」と、教師に反発さえするかもしれない。やがて、教師の前ではよい行いをしなくなるかもしれないし、周囲のことにもあえて無関心を装うかもしれない。

続いて、勉強もスポーツも「中の下」、少しクラスでの立場が弱い子。こうした子をほめたとしよう。おそらくは、いじめにあってしまうだろう。こうした子を、みんなの前で大げさにほめてはいけない。

続いて、やんちゃな子。こうした子をほめた場合、男子の場合は「やったあ！」などとガッツポーズを取り、周囲も笑ってくれるのであまり問題はない。

ただし、女子の場合はむずかしい。意欲的な女子たちが内心嫉妬することがある。「私たちは、ちゃんとやっているのに、なにも言われないで、あんないい加減な人がほめられるって納得できない。先生は、なにもわかっていない」というように。

それではと、その子たちをほめたらほめたで、前述のように「ほめては欲しくない」という態度を取られ、結局うまくいかない。

いずれにしても全体の前で大げさにほめることは、高学年の場合、特に深

第3章 「むずかしい学級」効果10倍の生活指導

く考えた上で行うべきだ。クラスに余計な波風を立てることになるからだ。

では，どうするか。方法は二つある。

一つは，こっそりほめるという方法だ。例えば，休み時間一人でいるところを見計らってほめる。あるいは，付箋にメモしてこっそりその子に渡す。また，家庭学習や日記帳，ふり返りのノートなどのすみにほめ言葉を書いておく。このようにすれば周囲の目を逃れて，その子にプラスのフィードバックをすることができる。

もう一つは，子どもたちでほめ合う時間を1日のスケジュールの中に組み込むことだ。そもそも，教師が子どもをほめることの難しさは，教師がもっている形式的な権威性による。教師が何をほめるのかは大して問題ではなくて，ほめるというその形式が子どもたちの「教室カースト」との相乗によって，悪効果をもたらすのだ。それは，教師がどんなタイプの教師であるかにかかわらず，教師だというだけで起きてしまうことだ。

そこで，すぐに思い浮かぶのは，赤坂真二氏がアドラー心理学からヒントを得て提唱した「クラス会議」の「輪になってコンプリメント」や，菊地省三氏の「ほめ言葉のシャワー」の実践である。

これらは，多くの教室で追試され効果を上げているところだ。しかし，私はもう少し時間規模が小さい活動の方が，日常的には取り組みやすいのではないかと考えている。

そこで，「①隣同士，②前後の2人組，③同じグループの斜めに位置する二人組」という順にほめ合うということを行っている。時間は，最初は10秒だけである。

「①○○さんが，10秒間□□さんをほめる，②□□さんは，ほめられたことに対する感想を伝える，③□□さんが，10秒間○○さんをほめる，④○○さんが，ほめられたことに対する感想を伝える」が1セットである。

これを，毎日繰り返す。「昨日，言ってないことを，1個はプラスしてね」と指示して，最終的には1分間ほめ続けることを目標にする。

143

# 明確な目標を立てる

　教師たちに,「成功した学級の条件」を質問したという調査がある。それによれば, 学級経営が成功したと感じているときに, その条件の一つとして教師たちは, その年, その学級の「学級目標が明確」であったことをあげたという (蘭千壽・古城和敬編（1996）『教師と教育集団の心理』誠信書房)。

　これは, 教師なら誰もが納得できるところだろう。そこで, 学級目標をきめるときに, できるだけ目標を具体的, かつ明確にしたとする。

　こうすれば, 前年度「むずかしい学級」だと言われた学級も, ぐっと落ち着くかといえば, まったくそんなことはない。当然だが, その目標をどう活かすのかということが重要であって, 掲げるだけでは効果はあらわれない。では, どうすればよいのか。

　第一に, その設定した目標に沿って, 日々の指導が行われているかを, 教師自身がふり返る必要がある。

　例えば,「ハッピーで平和なクラス」という学級目標を子どもたちが立てたとしよう。ある日,「男子が掃除をしてくれません」と女子が訴えてきたとする。教師は, それを一喝して, 掃除のやり直しを男子に命じたとする。これで, 子どもたちは「ハッピーで平和」になれたのだろうか。

　たしかに, しばらく掃除をさぼることはないだろうから, 男女がもめることはなく平和かもしれない。しかし,「ハッピー」はどうだろう。教師に叱られることで, 掃除をいやいやするようになった男子たちは, ハッピーなのだろうか。教師に訴えることでしか, 問題を解決できなかった女子は, 今後も本当に幸せでいられるのだろうか。もっと違った関わり方が, 教師はできたのではないだろうか。そもそも, このことで子どもたちに教えられたはずのことを, 教えないでしまっているのではないだろうか。

　「ハッピーで平和なクラス」をつくることが目的ならば, ゴールは掃除を

第3章 「むずかしい学級」効果10倍の生活指導

きちんとやらせることだけではないはずだ。

　掃除は，気持ちよく生活するためにすること。清潔だと気持ちがいいよねということを実感させることがゴールだったはずだ。また，その過程で，「きれいじゃなくてもいいもん」と思っている子がいることや，「早く遊びに行きたくて，つい掃除がお粗末になってしまった」という子が，学級にいるのだということを知らせることも勉強だったのではないか。このように教師自身が学級目標と照らして，指導をふり返るとき，学級目標が実効性をもつ。

　また，子どもたち自身も自分たちが立てた学級目標に「敏感」であるのがいい。掃除の問題が起きたときに，教師から「今の状況は，ハッピーで平和なのかな？　どうすれば，そこに近づけるのかな？」と問われ，自分たちの選ぶべき行動を，自分たちで考えられるような子どもになれるとよい。

　下の図は，学級の機能をモデルで示したものである。様々な教育活動には，その特色に応じて目標が設定される。それらが，一つ一つ達成されることによって，最上位目的が達成されるという構造を，学級経営はもっている。また，その際の最上位目的を子どもたちに理解できるように示したものが学級目標である。その時々の行動や様々な教育活動の目標が，学級目標の達成という目的に合致しているものかどうかを，教師も子どもも意識しているとき，学級目標はただの「お飾り」から脱するのだ。

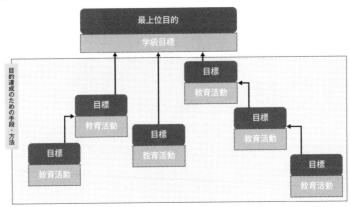

学級の機能モデル

# 10 教師の権威を確立する

　教師の指導を成立させるためには，教師の権威を確立することが大切だという。間違った行動には，毅然とした態度で指導するようにも言われる。しかし，この「毅然とした指導」というのが，誤解されることが多い。
　大きな声を出すとか，子どもの話をまったく受けつけないとか，そんなイメージであるようだ。「私は怖くないからダメ」と考える若い教師もいる。しかし，そうではない。また，もしも前年度に「むずかしい学級」と言われていたような学級に，そんな高圧的な指導をしたら，学級はすぐに壊れる。
　ここで言う「教師の権威を確立する」とは，次のような指導サイクルによって可能になると，私は考えている。

① 明確な**指示**を出す。「椅子をしまって，廊下に整列しましょう」
② 子どもたちは，わかりやすい指示なので安心して，**活動**する
③ 教師は，椅子をしまっているかどうか，**確認**する
④ **評価**する。「全員しまっています！」
⑤ **価値づけ**する。「椅子がきれいだと，帰ってきたときに気持ちがいいですね。次の活動にスムーズに入れます」と納得できるように話す
⑥ 子どもに時々「教室から出るときは，どうして椅子をしまうのでしたか」と聞いてみる。「帰ってきたとき気持ちがいいからです」と子どもが言語化できていれば，**意義を理解**していると判断してよい
⑦ あらゆる場面において，椅子をしまうように指示して，**汎化**を促す
⑧ 時々，なにも指示していないのに，全員の椅子がしまわれていたら，「見てごらん，全員の椅子がしまわれているね。**成長したね**」と伝える

第3章 「むずかしい学級」効果10倍の生活指導

　いわゆる「厳しい指導」で，教師の権威が確立されるわけではない。理にかなった，わかりやすい活動指示があり「先生の言う通りにしたら，自分たちが成長することができた」，こうした経験の積み重ねによって，子どもたちが教師を信頼する。その信頼によって，子どもたちがこの先生の言うことは間違いがないと考えられる状態を，「教師の権威が確立している」というのだ（下図参照）。

　もちろん，絶対に許さないと事前に言ってあることに，子どもたちが抵触した場合などは，年に数回しっかりと指導することは必要だ。しかし，頻繁に厳しい指導で子どもを変容させようとすると，子どもたちはただ怖いから言うことを聞いているということになる。そうすると，怖い担任教師がいなくなれば，元の状態に戻ってしまうということになる。これを成長とは言わない。

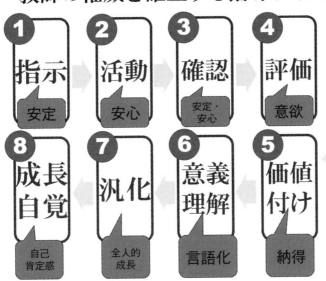

山田洋一（2014）「縦・横・価値付けにつきる」，堀　裕嗣編，「THE　教師力」編集委員会著『THE　学級経営』明治図書出版，pp.62-65より

## 今年一年，悪い人になろう

　今年一年は，いい人をやめよう。
　誰かに，仕事を頼まれたら，ちょっと嫌な顔をしよう。
　仕事の締め切りも，1日過ぎるくらいは，自分をゆるしてあげよう。
　管理職には，毎日愚痴を言おう。
　特に，校長には愚痴を言いにいこう。
　あなたを「むずかしい学級」の担任にしたのは校長だ。校長には，あなたの話を聞く義務があるはずだ。
　きっちり仕事をするのもやめよう。
　6割くらいを，自分のOKラインにしよう。
　6割できたら，自分にご褒美をあげよう。
　こってりラーメンでも，特上寿司でも，アクセサリーでもいいから，自分にたっぷり与えよう。
　大切なことは，明日，あなたが少しでも元気に学校にくることだ。
　また，学級で起きる様々な問題は，「自分の指導が悪いからだ」なんて，決して思わないようにしよう。
　頻繁に問題を起こす子どもは，あなたが担任ではなくても，問題を起こしていたはずだ。
　考えてみるといい。
　去年だって，その子は問題を起こしていたではないか。
　……。
　がんばっても，どうしてもこんなふうに考えることができないあなたは，とても教師にむいている人だ。
　教師としての資質，十分。
　だから，できたらやめないで欲しい。
　明日はお休みを取ってもいいから，いや1日とは言わず，少しくらい休んでもいいから，また子どもの前に立って欲しい。

## 仕事を分散してもらおう

「むずかしい学級」のむずかしさを、メモリで表すことはできない。
また、あなたの忍耐力や指導力をメモリで示すこともできない。
あなたの危機的状況を客観的に測ることはできないのだ。
だから、あなたはあなたの心の声に敏感であってほしい。
あなたが、ちょっとでもきついと感じたら、そのときがサポートを求める時期なのだ。
例えば、朝の会、帰りの会からはじまり、授業中ももう一人の先生に教室にきてもらおう。その際の、役割分担もはっきりとさせておこう。
「たいへん申し訳ありませんが、先生は専ら注意する方をお願いできないでしょうか」とお願いすればいい。
また、場合によっては、一部専科としてもらおう。あなたが、もっとも教えにくいと感じている教科を、誰かにお願いしてみよう。
そして、その時間教室にいることがきつかったら、これもその先生にお願いして、一人で指導してもらおう。
生徒指導事案が起きたときも、決して一人で対応しない。
生徒指導部長の先生にお願いして、あなたは聞き取ることを、生徒指導部長には指導をお願いしよう。保護者のクレームも、3回に1回は教頭に任せよう。
担任をもっていない先生方にとって、もっとも残念なことは、担任が長期の休みに入ってしまうことだ。
あなたが倒れる前に、ヘルプを出せば、それに対するサポートは必ずしてくれるはずだ。あなた自身、複数で指導すればずいぶんと楽になることが多いはずだ。そして、なにより、あなたのクラスの子どもたちへの、指導のむずかしさを共有できる仲間ができるということが大きい。
わかってくれる人がいるということが、あなたを少しだけ強くする。

## おわりに

「むずかしい学級」をもつことは,本当につらい。

正直に言うと,できれば避けたい。

しかし,誰かが担任しなくてはいけないとしたら,仕方がないことだ。

校長が自分を指名したら,それを受け入れなければならない。

そう納得はしてみても,やはりきついのだ。

むずかしい学級を担任していたとき,ある程度の時間までクレームの電話がこず,「ようやく1日が終わってくれた」と思うときが,私にとってもっともほっとする瞬間だった。

夏休みや冬休みに入るときは,本当に嬉しかった。

あるときは,保護者に「あんたみたいな人は,教師をやる資格がない」と電話で怒鳴られた。

あるときは,子どもとの関係がうまくいかなくなった。

私には,私なりに精一杯やっているという自負もあったから,なおさら絶望的な気持ちになった。

それでも,私を教室につなぎ止めたのは,幾人かの子どもたちの成長と笑顔だった。

「うちのクラス,よくなってきたよね」と言ってくれる子どもたちの存在であった。

教室の全員に価値あることをしようとは考えてきたが,それができたとは少しも思っていない。

しかし,私が救わなければならない子は,救ってこられたとは思う。

その子たちを笑顔にし,成長のお手伝いもできたはずだ。

私は,私の仕事のすべてを「よし」としているわけではない。

だからと言って,すべてを否定もしない。

それでいいのだと思う。

　教室にいる子どもたちの成長と笑顔をつくることに，誠実に向き合っている，しかし，状況がなかなかよくならないという教師たちに，本書が届けばいいと思う。

　本書が，「むずかしい学級」を担任している教師たちの小さな希望になれたとしたら望外の幸せである。


　本書の企画を構想してから，なんと5年もの月日がたってしまった。

　その間，粘り強く関わってくださった明治図書出版の及川誠氏に，心からの感謝を申し上げたい。ありがとうございました。


山田　洋一

【著者紹介】
山田　洋一（やまだ　よういち）
1969年北海道札幌市生まれ。北海道教育大学旭川校卒業。北海道教育大学教職大学院修了（教職修士）。2年間私立幼稚園に勤務した後，公立小学校の教員になる。自ら教育研修サークル北の教育文化フェスティバルを主宰し，柔軟な発想と，多彩な企画力による活発な活動が注目を集めている。
日本学級経営学会理事。
ホームページ　http://yarman.server-shared.com/

主な著書
『小学校初任者研修プログラム　教師力を育てるトレーニング講座30』『山田洋一　エピソードで語る教師力の極意』（以上，明治図書出版）
『発問・説明・指示を超える　対話術』『発問・説明・指示を超える技術　タイプ別上達法』『発問・説明・指示を超える　説明のルール』（以上，さくら社）
『教師に元気を贈る56の言葉』『子どもとつながる教師・子どもをつなげる教師　好かれる教師のワザ＆コツ53』『気づいたら「忙しい」と言わなくなる教師のまるごと仕事術』『気づいたら「うまくいっている！」目からウロコの学級経営』（以上，黎明書房）
「ミライシード」企画開発協力（ベネッセコーポレーション）

学級経営サポートBOOKS
子どもの笑顔を取り戻す！
「むずかしい学級」リカバリーガイド

| 2019年6月初版第1刷刊 | ©著　者　山　田　洋　一 |
| 2020年6月初版第4刷刊 | 発行者　藤　原　光　政 |
|  | 発行所　明治図書出版株式会社 |
|  | http://www.meijitosho.co.jp |
|  | （企画）及川　誠（校正）杉浦佐和子 |
|  | 〒114-0023　東京都北区滝野川7-46-1 |
|  | 振替00160-5-151318　電話03(5907)6704 |
|  | ご注文窓口　電話03(5907)6668 |

＊検印省略　　　　組版所　株式会社アイデスク
本書の無断コピーは，著作権・出版権にふれます。ご注意ください。

Printed in Japan　　　ISBN978-4-18-267327-6
もれなくクーポンがもらえる！読者アンケートはこちらから　→